U0063004

新标准
基础俄语 2

本册主编	许 宏　白 屹
副主编	钱 琴　郑洁岚
编者	白 屹　钱 琴
	郑洁岚　В.Л.Гаврилова

中国教育出版传媒集团

高等教育出版社·北京

图书在版编目（CIP）数据

新标准基础俄语. 2 / 许宏总主编；许宏，白屹主编. -- 北京：高等教育出版社，2024.3
ISBN 978-7-04-061759-7

Ⅰ. ①新… Ⅱ. ①许… ②白… Ⅲ. ①俄语－高等学校－教材 Ⅳ. ①H359.39

中国国家版本馆CIP数据核字(2024)第043034号

策划编辑 孙 悦　　责任编辑 孙 悦　　封面设计 裴一丹　　版式设计 孙 伟
责任校对 张博学　　责任印制 刁 毅

新标准基础俄语2
XINBIAOZHUN JICHUEYU ER

出版发行	高等教育出版社	网　址	http://www.hep.edu.cn
社　址	北京市西城区德外大街4号		http://www.hep.com.cn
邮政编码	100120	网上订购	http://www.hepmall.com.cn
印　刷	涿州市京南印刷厂		http://www.hepmall.com
开　本	889mm×1194mm 1/16		http://www.hepmall.cn
印　张	13.25		
字　数	300千字	版　次	2024年3月第1版
购书热线	010-58581118	印　次	2024年3月第1次印刷
咨询电话	400-810-0598	定　价	59.00元

本书如有缺页、倒页、脱页等质量问题，请到所购图书销售部门联系调换
版权所有　侵权必究
物 料 号　61759-00

　　构建人类命运共同体是习近平新时代中国特色社会主义思想的重要组成部分，也是中国文化软实力的载体。在这个跨国别、跨文化以及跨领域的宏大工程中，无疑需要一大批外语专业人才或懂外语的专业人才。俄语作为联合国六大工作语言之一，在国家外语战略中的地位毋庸置疑，且其作为"一带一路"沿线国家中使用广泛的一种语言，在经贸往来、文化交流等多方面起到关键性作用。高等学校俄语专业教育将会是"一带一路"重要倡议的语言人才输送中心，也必将成为助力中俄人文交流、助推"中国文化走出去"的有力工具。

　　《新标准基础俄语》正是基于此理念在新时代背景下推出，这是一套为高等学校俄语专业核心课程——"基础俄语"课编写的新形态立体化教材。教材以习近平新时代中国特色社会主义思想和党的二十大精神为指导，坚持正确的政治方向和价值导向，注重用社会主义核心价值观铸魂育人。其主要特色及创新点如下：

　　1. 落实立德树人根本任务，融入"课程思政"元素。教材有机融入社会主义核心价值观和中华优秀传统文化，在学习过程中引导学生树立正确的世界观、人生观和价值观。

　　2. 遵循教育教学规律，严格依据《外国语言文学类教学质量国家标准》和《普通高等学校本科俄语专业教学指南》等相关要求进行编写，以夯实学生的语言知识能力为基础目标，以提升学生的语言能力为进阶目标。在文本选择上力求实现语言与学科内容融合，难度呈阶梯式分布。

　　3. 搭建跨学科知识结构，提高人文素养。注重语言技能与跨学科知识的交叉融合，同步实现语言能力发展与跨学科知识的建构，助力培养复合型人才，提升学生的学科能力。

　　4. 秉承"以学生发展为中心"的教学理念，设计教材内容。根据新时代大学生的使命与发展需求确定主题以及课文的选篇、练习的设计。教材设计了一个充满朝气的大学一年级学生，并由他贯穿全套教材，语篇具有连续性。

　　5. 根据教育部的人才培养要求，确定了"线上线下混合式教学"的编写指导思想。为推动信息技术和俄语教学实践的深度融合，《新标准基础俄语》将包括纸质教材和网络课程两部分，网络课程将以同名慕课为主，既包含对教材重要知识点的讲解，又对教材内容进行了补充和拓展，教学内容丰富，形式多样，彰显"两性一度"特色。

　　6. 在每一课设置了"中国智慧"版块，选取了古往今来中华文化典籍中金句的俄文表达，引导学生用俄文讲好中国故事、传承中华文脉，在跨文化交际中弘扬中华民族优秀传统文化，弘扬以爱国主义为核心的民族精神。

编者

《新标准基础俄语 2》延续《新标准基础俄语 1》，以大学生唐宁在上海读书、生活的经历为主线，通过唐宁的视角展现了丰富多彩的生活点滴和文化要素。俄式餐厅、一年四季、看病就医、传统节日、品茶休闲、戏剧欣赏、知名作家等日常话题体现了中国文化的方方面面，用俄语讲出了美好生动的中国故事。

《新标准基础俄语 2》由 8 课内容构成，建议安排 16 个教学周，每周 12 学时。每课结构包括言语礼仪、对话、课文、语法四个模块。

1. 言语礼仪模块贯彻语言的交际原则，培养学生的口语能力，包含问路、就餐、天气、医疗、赞同、反对、致谢、建议等常用的基本句式。

2. 对话模块是对言语礼仪模块的扩展，每课包含 3 至 5 段对话，围绕一个主题展开会话操练，旨在培养学生理解大意、捕捉细节信息、提炼观点的能力。

3. 课文模块以基础课文内容先行，主要包括重点词汇和核心句型的掌握，再辅以课后练习加深对课文的熟悉程度和基本词汇和句式的使用能力，同时在每一篇基础课文后面附有一篇拓展文章，介绍俄罗斯的文化国情，以便学生更好地了解对象国的语言和文化，从而提升中俄文化对比和跨文化交际的能力。

4. 语法模块延续第 1 册的内容，从动词、形容词等基本词类的入门语法范畴着手，扩展至简单句和复合句的应用及讲解，以实践为主，紧扣课文，搭配丰富的练习题，循序渐进地学习语法知识点。

本册主编为许宏、白屹；副主编为钱琴、郑洁岚；编者为白屹、钱琴、郑洁岚和 В.Л.Гаврилова。白屹和郑洁岚负责对话和课文部分的撰写，钱琴负责语法部分的撰写。俄罗斯圣彼得堡国立赫尔岑师范大学的 В.Л.Гаврилова 参与对话和课文部分的撰写并审稿，许宏负责统稿与定稿。

新教材的编写只见要求、不见模版。每一位编者都在学识和实践中摸索前行。欢迎大家指正，把我们的教材做得尽善尽美。

编者

УРОК 7

УРОК 8

ПОВТОРЕНИЕ

УРОК 1

言语礼仪 **Речевóй этикéт**

I. 问路

Скажи́те, пожáлуйста, как пройти́ ... 请问，怎么能到……?

Скажи́те, пожáлуйста, как тудá попáсть ... 请问，去……怎么走?

Скажи́те, пожáлуйста, как называ́ется э́та у́лица? 请问，这条街叫什么名字?

Скажи́те, пожáлуйста, что э́то за здáние? 请问，这栋楼是什么楼?

Подскажи́те, пожáлуйста, где здесь метрó? 麻烦问一下，这附近的地铁站在哪儿?

II. 感谢

Спаси́бо вам (за) ... 感谢您……

Благодарю́ вас (за) ... 感谢您……

Спаси́бо, вы о́чень любéзны. 谢谢，您真好。

对话 **Диалóги**

1. – Скажи́те, пожáлуйста, как пройти́ к Большóму теáтру?

   – Иди́те пря́мо, потóм налéво.

   – Благодарю́ вас!

2. – Скажи́те, пожáлуйста, где здесь метрó?

   – Вон там, за углóм.

   – Спаси́бо вам большóе!

3. – Подскажи́те, пожáлуйста, на какóм автóбусе мы мóжем доéхать до Диснейлéнда?

   – Éхать в Диснейлéнд автóбусом дóлго и неудóбно. Сáмый бы́стрый трáнспорт – метрó.

   – Спаси́бо вам за совéт, так и сдéлаем.

4. – Скажи́те, пожáлуйста, как попáсть в Стáрый гóрод?

   – Óчень прóсто: иди́те по э́той у́лице пря́мо, дойдёте до у́лицы Жэньминьлу́, там уви́дите зелёный парк. Вы пройдёте чéрез парк и попадёте в Стáрый гóрод.

   – Тудá дóлго идти́ пешкóм?

   – Недóлго, óколо пятнáдцати мину́т.

   – А как называ́ется э́та у́лица?

   – Э́та у́лица называ́ется Сычуаньлу́.

– Спаси́бо большо́е, вы о́чень любе́зны.

– Не́ за что.

5. – Како́й прекра́сный вид! Ско́лько раз я любова́лась по телеви́зору на́бережной Вайта́нь, а сего́дня уви́дела её свои́ми глаза́ми.

– Да, ве́чером здесь ещё краси́вее①.

– Скажи́, что э́то за высо́кое зда́ние?

– Это Шанха́йский всеми́рный фина́нсовый центр. Отту́да открыва́ется потряса́ющий вид на весь го́род.

– Здо́рово! Не сходи́ть ли нам туда́?

– Коне́чно, за́втра схо́дим.

Коммента́рии:

① краси́вее 是 краси́вый 的比较级，意为更美的。

НОВЫЕ СЛОВА

авто́бус 公交车，大客车

благодари́ть (II) [未] // [完] поблагодари́ть (кого́-что) 感谢，致谢

бы́стрый 快的，敏捷的

вид 外表，外观；景色

всеми́рный 全世界的

высо́кий 高的；崇高的；高雅的

глаз; глаза́ 眼睛；目光

Диснейле́нд 迪士尼乐园

доходи́ть [未] // [完] дойти́ (до чего) 走到

здо́рово (俗) 真棒

любе́зный 殷勤的；客气的

на́бережная 堤岸

называ́ться (I) [未] // [完] назва́ться, -зову́сь, -зовёшься, -зову́тся (кем-чем) 被称为

нале́во (副) 向左

открыва́ться (I) [未] // [完] откры́ться, -ро́юсь, -ро́ешься, -ро́ются 打开，展开；开幕

отту́да (副) 从那里

подска́зывать (I) [未] // [完] подсказа́ть (I) (что кому) 提示，指点

потряса́ющий 令人震惊的

просто́й 简单的

пря́мо (副) 直接地；坦率地

раз 一次，一回

сове́т 建议；忠告

ста́рый 老的；旧的

сходи́ть (II) [完] (куда́) 去一趟，去一下

тра́нспорт 交通，运输工具

у́гол, в углу́ 角落

удо́бно (副) 方便地

фина́нсовый 金融的

练习 ▸ **Упражне́ния**

1. 记住下列词组。

за угло́м	在街角
дое́хать на авто́бусе	乘公交车抵达
пройти́ че́рез парк	穿过公园
прекра́сный вид	美妙的景色
на́бережная Вайта́нь	外滩
уви́деть свои́ми глаза́ми	亲眼看见
Шанха́йский всеми́рный фина́нсовый центр	上海环球金融中心

2. 掌握下述积极词汇的用法。

А. 朗读并翻译右列句子。

благодари́ть – поблагодари́ть (кого, за что)	• Благодарю́ вас! Благодарю́ вас за сове́т!
открыва́ться – откры́ться	• Отту́да открыва́ется потряса́ющий вид на весь го́род.
доходи́ть – дойти́ (до кого́-чего́)	• Очень про́сто: иди́те по э́той у́лице пря́мо, дойдёте до у́лицы Жэньминьлу́, там уви́дите зелёный парк.
называ́ться – назва́ться (чем)	• Скажи́те, пожа́луйста, как называ́ется э́та у́лица?
сходи́ть (куда́)	• Здо́рово. Не сходи́ть ли нам туда́?
за (кем-чем)	• Вон там, за угло́м.
что это за ...	• Скажи́, что это за высо́кое зда́ние?

Б. 用上述左列词汇的适当形式填空。

1) Я _____ вас за внима́ние.

2) Пе́ред на́ми _____ прекра́сное бу́дущее Ро́дины.

3) Ко́мната вдруг _____ .

4) Этот го́род _____ Москва́.

5) Он _____ студе́нта за по́мощь.

6) Роди́тели _____ до на́бережной и верну́лись наза́д.

7) Наконе́ц о́чередь _____ до меня́.

8) Дава́й _____ в магази́н, мне ну́жно купи́ть пода́рок для дру́га на день рожде́ния.

В. 翻译下列句子，注意黑体词的用法。

1) Поста́вь э́тот стол в **у́гол** ко́мнаты.

2) Их дом стои́т на **углу́** Не́вского проспе́кта и Пу́шкинской у́лицы.

3) Пове́рьте мне, что во всех **уголка́х** ми́ра вы встре́тите кита́йцев.

4) Авто́бус поверну́л за **у́гол** до́ма.

5) Иди́те **за** мной.

6) Де́ти сидя́т **за** столо́м.

7) Первокла́ссники се́ли **за** па́рты (课桌), откры́ли уче́бники и на́чали свой пе́рвый в жи́зни уро́к.

8) Ребя́та о́чень стара́лись во вре́мя футбо́льного ма́тча (足球比赛), потому́ что они́ игра́ли **за** шко́лу.

3. 词义辨析。

зайти́   сходи́ть

1) – Ната́ша, дава́й _____ в библиоте́ку, я хочу́ взять кни́ги.

   – Хорошо́, я как раз то́же хочу́ пойти́ туда́!

2) – Вот кафе́, не _____ ли нам вы́пить ко́фе?

   – Почему́ бы и нет, дава́й _____.

3) – Сыно́к, ты _____ в магази́н?

   – Да, я был в магази́не, купи́л тетра́ди.

4) – Воло́дя, э́то ты? Вот так сюрпри́з (意想不到的事)!

   – Да, у меня́ бы́ли дела́ о́коло ва́шего до́ма, и я _____ на пять мину́т.

пройти́ – прое́хать   дойти́ – дое́хать   попа́сть

1) Мы _____ до Нанки́на на по́езде.

2) Тури́сты _____ до на́бережной и поверну́ли нале́во.

3) – У нас слома́лась маши́на, как тепе́рь _____ на да́чу?

   – Как ты хо́чешь? Мо́жно на по́езде, а мо́жно на авто́бусе.

4) – Прости́те, не могу́ найти́ Студе́нческую у́лицу. Как туда́ _____?

   – Вам ну́жно _____ два кварта́ла и поверну́ть напра́во.

5) – Ско́лько ещё ста́нций нам на́до _____ до «Па́рка культу́ры»?

   – Посмотрю́. Ой, мы уже́ _____ её.

6) Мы _____ почти́ во́семь киломе́тров, и, наконе́ц, _____ до общежи́тия.

7) – Скажи́те, пожа́луйста, как отсю́да _____ к Ру́сскому музе́ю?

   – Это совсе́м недалеко́. Иди́те пря́мо, _____ до Миха́йловской у́лицы, зате́м нале́во, и вы уви́дите Ру́сский музе́й.

4. 将括号中的中文译成俄语。

1) – (这是什么大楼 _____)?

   – Это зда́ние на́шей библиоте́ки.

2) – Ба́бушка, с Но́вым го́дом, с но́вым сча́стьем! Жела́ю вам кре́пкого здоро́вья!

   (谢谢您的大红包 _____).

3) – Скажи́те, пожа́луйста, как (我可以到达 _____

   _____) в Храм Конфу́ция?

   – Вы мо́жете сесть на любо́й авто́бус, но лу́чше (走过去 _____

   _____). Он совсе́м недалеко́.

4) – Юра, (你什么时候到呀 _____)?

   Я жду́ тебя́ пе́ред теа́тром.

   – Сейча́с (乘车去你那 _____).

   Че́рез пять мину́т я там бу́ду.

   – (是乘地铁吗 _____)?

   – Нет, на такси́.

5) – Я ищу́ городску́ю библиоте́ку, (怎样能到那里 _____

   _____)?

   – О, э́то о́чень далеко́. Вам лу́чше сесть на метро́ и (乘 _____

   _____) 3 остано́вки. Ну́жная вам ста́нция как раз и бу́дет называ́ться

   «Библиоте́ка».

   – А не подска́жете, (怎么走过去 _____),

   я о́чень люблю́ ходи́ть пешко́м.

   – Да, коне́чно. Вам ну́жно (笔直走 _____

   _____)

   до реки́, пото́м на́до поверну́ть напра́во (沿着河堤 _____

   _____)

   о́коло 20 мину́т, и вы уви́дите городску́ю библиоте́ку.

   – Большо́е спаси́бо! (您真客气 _____).

   – Не́ за что!

5. 按示例根据所给情节编对话。

> *Образец*

– Извини́те, вы не зна́ете, где кинотеа́тр «Мир»?

– Коне́чно. Это недалеко́ отсю́да.

– Подскажи́те мне, как я могу́ туда́ пройти́?

– На сле́дующем углу́ поверни́те нале́во (左转), иди́те пря́мо о́коло пяти́ мину́т. Впереди́ вы
уви́дите большо́е зда́ние – э́то торго́вый центр, а напро́тив него́ – кинотеа́тр «Мир».

– Большо́е спаси́бо за ва́шу по́мощь.

***

– Са́ша, приве́т. Ты не мог бы мне помо́чь?

– Коне́чно!

– Я хочу́ узна́ть, как мне лу́чше дое́хать до ста́нции метро́ «Университе́т».

– О, э́то совсе́м не тру́дно. Как вы́йдешь из университе́та, уви́дишь авто́бусную остано́вку. Сади́сь на любо́й авто́бус.

– И э́то всё? Ско́лько остано́вок я до́лжен прое́хать?

– Две остано́вки.

– Большо́е спаси́бо!

    а. Вы не мо́жет найти́ доро́гу к до́му своего́ дру́га. Он объясня́ет вам по телефо́ну, как до него́ добра́ться.

    б. Вам ну́жно пройти́ к музе́ю (к кинотеа́тру, к библиоте́ке, к па́рку, ...).

    в. Вы благодари́те ма́му (па́пу, дру́га, ...) за пода́рок, по́мощь в тру́дном де́ле, ...

6. 翻译下列句子。

1) 安娜步行走到了地铁站。

    _____

2) 新的大学生们乘公交车抵达了学校。

    _____

3) 王导游熟悉这座城市的每一个角落。

    _____

4) 在我们的眼前呈现出整座城市的夜景。

    _____

5) 李工程师身体不舒服，他需要去趟医院。

    _____

6) 孩子们早就想亲眼看见这位喜爱的作家。

    _____

7) — 请问，书店在哪里？

    — 笔直走，街角处便是。

    _____

8) — 请问，这是什么体育场？

    _____

— 这是"虹口体育场"。

_____

— 附近有地铁站吗?

_____

— 当然有,地铁站也叫"虹口体育场"。瞧,就在拐角处。

_____

— 谢谢你!

_____

中国智慧:金句表达

人生的扣子从一开始就要扣好。

（《习近平谈治国理政》第一卷,第 172 页）

Пуговицы человеческой жизни должны быть застёгнуты правильно с самого начала.

(«Си Цзиньпин о государственном управлении» I, стр.239)

课文 **Текст**

Экску́рсия по Шанха́ю.

Я живу́ в Шанха́е почти́ полго́да, но у меня́ ещё не́ было вре́мени хорошо́ познако́миться с го́родом. Сего́дня я и моя́ сестра́ Тан На соверши́ли замеча́тельную экску́рсию по це́нтру го́рода.

На пе́рвом ме́сте в на́шей прогу́лке – Наро́дная пло́щадь. Это больша́я пло́щадь в це́нтре го́рода. На террито́рии Наро́дной пло́щади располага́ется Наро́дный парк. Здесь мо́жно отдыха́ть на траве́ и́ли занима́ться гимна́стикой тай-цзи́.

Недалеко́ от Наро́дной пло́щади нахо́дится пешехо́дная у́лица Нанкинлу́. Это са́мая ста́рая у́лица Шанха́я: ей бо́лее 150 лет①. Она́ изве́стна② как «Пе́рвая торго́вая у́лица в Кита́е».

По у́лице Нанкинлу́ мы дошли́ до на́бережной Вайта́нь. Я слы́шал, что Вайта́нь называ́ют музе́ем междунаро́дной архитекту́ры. И действи́тельно, здесь, на берегу́ реки́ Хуанпу́, мы уви́дели прекра́сные европе́йские зда́ния бы́вших ба́нков и торго́вых компа́ний.

На друго́й стороне́ реки́ Хуанпу́ нахо́дится Торго́во-фина́нсовая зо́на Луцзяцзу́й. Како́й прекра́сный вид! Это телеба́шня, Шанха́йский центр, Шанха́йский всеми́рный фина́нсовый центр, а вот – небоскрёбы.

Наступи́л ве́чер. В э́то вре́мя на́бережная Вайта́нь о́чень краси́ва②. Здесь горя́т со́тни разноцве́тных огне́й. Не зря говоря́т, что на́бережная Вайта́нь – это оди́н из си́мволов Шанха́я.

Коммента́рии:

① ей бо́лее 150 лет: 它已有 150 多年的历史。бо́лее 为 мно́го 的比较级，与表示数量的第二格名词性词组连用，表示"以上……，多于……"，读作 ей бо́лее ста пятидеся́ти лет。

② изве́стна, краси́ва 分别为形容词 изве́стный 和 краси́вый 的阴性短尾形式，在句中用作谓语。

НОВЫЕ СЛОВА

архитекту́ра 建筑样式，建筑风格

банк 银行

бе́рег; берега́ 岸，岸边

бо́лее 多于……

бы́вший 原先的，从前的

гимна́стика 体操

гимна́стика тай-цзи́ 太极拳

горе́ть (II) [未], -рю́, -ри́шь, -ря́т
　　点灯，发光；燃烧

европе́йский 欧洲的

замеча́тельный 极好的；卓越的

зо́на 地区，地带

зря (副) 白白地，枉然

компа́ния 公司

наро́дный 人民的

наступа́ть (I) [未] // [完] наступи́ть, -уплю́,
　　у́пишь, -у́пят（时间，现象）来临，到来

небоскрёб 摩天大楼

ого́нь (阳), огня́ 灯光，灯火

отдыха́ть (I) [未] // [完] отдохну́ть, -ну́,
　　-нёшь, -ну́т 休息；歇息

пешехо́дный 行人的，徒步的

пло́щадь (阴) 广场

полго́да 半年

прогу́лка 散步，闲逛

разноцве́тный 多彩的

располага́ться (I) [未] // [完]
    расположи́ться, -жу́сь, -о́жишься,
    -о́жатся 坐落，位于
река́ 江，河，川
река́ Хуанпу́ 黄浦江
си́мвол 象征；记号
соверши́ть (II) [未] // [完] -шу́, -ши́шь,
    -ша́т соверша́ть 实现，完成

со́тня 一百
ста́рый 年老的；旧的
сторона́ 方面，方向；一边
телеба́шня 电视塔
террито́рия 地域，范围
торго́вый 商业的，贸易的
трава́ 草

練习 ▶ Упражне́ния

7. 朗读并记住下列词组和句子。

(у кого́) не́ было вре́мени	（某人）不曾有时间
познако́миться с го́родом	了解一座城市
Наро́дная пло́щадь	人民广场
занима́ться гимна́стикой тай-цзи́	打太极拳
пешехо́дная у́лица Нанкинлу́	南京路步行街
пе́рвая торго́вая у́лица в Кита́е	中华商业第一街
си́мвол Шанха́я	上海的象征
музе́й междунаро́дной архитекту́ры	万国建筑博物馆
торго́во-фина́нсовая зо́на Луцзяцзу́й	陆家嘴金融贸易区
Ве́чер наступа́ет.	夜幕降临
разноцве́тные огни́	彩灯
не зря	不是徒劳

8. 掌握下述词汇的用法。

A. 朗读并翻译右列句子。

горе́ть	• Здесь горя́т со́тни разноцве́тных огне́й.
наступа́ть – наступи́ть	• Наступи́л ве́чер.
отдыха́ть – отдохну́ть	• Здесь мо́жно отдыха́ть на траве́ и́ли занима́ться гимна́стикой тай-цзи́.
располага́ться – расположи́ться	• На террито́рии Наро́дной пло́щади располага́ется Наро́дный парк.
соверша́ть – соверши́ть (что)	• Мы соверши́ли замеча́тельную экску́рсию по це́нтру го́рода.

Б. 用上述左列词汇的适当形式填空。

1) Во всех студе́нческих общежи́тиях _____ огни́.

2) В час но́чи в его́ ко́мнате ещё _____ ла́мпа.

3) Пра́здник Весны́ _____, у́лицы украша́ются нового́дними кра́сными фона́риками.

4) Весна́ _____, она́ уже́ недалеко́.

5) По́сле обе́да ба́бушка пошла́ _____.

6) Где вы лю́бите _____ на кани́кулах?

7) Москва́ _____ на берега́х Москвы́-реки́.

8) Неда́вно семья́ инжене́ра Ва́на _____ путеше́ствие по Росси́и.

9. 词义辨析。

называ́ться – назва́ться   называ́ть – назва́ть

1) Вайта́нь _____ музе́ем междунаро́дной архитекту́ры.

2) Москву́ _____ си́мволом Росси́и.

3) Петербу́рг _____ го́родом «бе́лых ноче́й».

4) Как _____ пе́рвая ли́ния метро́ в Москве́?

5) Лю́ди _____ пе́рвую ли́нию метро́ в Москве́ «кра́сной ли́нией».

6) В Росси́и преподава́теля _____ по и́мени и о́тчеству, а в Кита́е _____ по фами́лии.

7) Как _____ са́мое высо́кое зда́ние в Шанха́е?

8) Как _____ пе́рвая торго́вая у́лица в Кита́е?

10. 将括号中的中文译成俄语。

1) На террито́рии Наро́дной пло́щади (坐落着人民公园 _____
_____).

2) Го́род Шанха́й (坐落在黄浦江两岸 _____
_____).

3) Наш университе́т (位于郊区 _____
_____).

4) Здесь мо́жно (打打太极拳 _____
_____).

5) По́сле заня́тий мы лю́бим (从事体育运动 _____
_____).

6) Шанха́йский музе́й – э́то (文化中心之一 _____
_____).

11

7) Вайта́нь – э́то (上海的标志之一 _____

_____).

8) Кита́й – э́то (世界上最大的国家之一 _____

_____).

9) Я слы́шал, что Вайта́нь называ́ют (万国建筑博物馆 _____

_____).

10) Роди́тели назва́ли своего́ сы́на (伊万 _____

_____).

11. 按示例扩展句子。

> *Образец* Улица Нанкинлу́ – пе́рвая торго́вая у́лица в Кита́е.
>
> Улица Нанкинлу́ – **одна́ из** изве́стных торго́вых у́лиц в Кита́е.
>
> Улица Нанкинлу́ **изве́стна всему́ Кита́ю как** «Пе́рвая торго́вая у́лица».

1) Л.Н.Толсто́й – изве́стный ру́сский писа́тель.

2) Большо́й теа́тр – са́мый изве́стный ру́сский теа́тр в ми́ре.

3) Вели́кая Кита́йская стена́ – са́мый изве́стный си́мвол Кита́я.

4) А.С. Пу́шкин – изве́стный ру́сский поэ́т.

5) Сад Юйюа́нь – изве́стный класси́ческий кита́йский сад.

6) Го́род Сиа́нь – изве́стный дре́вний го́род в Кита́е.

12. 将右列词变成适当的形式，并根据需要加上前置词。

1) Куда́ вы вчера́ е́здили на экску́рсию?	• го́род Нанки́н, вы́ставка карти́н, Дом-музе́й Лу Си́ня, на́бережная, Шанха́йский музе́й, сад Юйюа́нь, торго́во-фина́нсовая зо́на Луцзяцзу́й
2) На чём вы обы́чно е́здите на экску́рсию?	• авто́бус, метро́, маши́на, велосипе́д, такси́
3) С чем вы познако́мились на экску́рсии?	• исто́рия го́рода, достопримеча́тельности страны́, ру́сская культу́ра, кита́йская культу́ра, жизнь го́рода

13. 翻译下列句子。

1) 新的一年来临啦！

_____

2) 苏州（го́род Сучжо́у）被誉为园林之城。

_____

3) 鲁迅是闻名世界的中国作家。

_____

4) 圣彼得堡坐落在涅瓦河岸。

_____

5) 人们给这座城市取名为莫斯科。

_____

6) 北京大学是世界上著名的大学之一。

_____

7) 沿着外滩，我们来到了上海老街。

_____

8) 外国学生在上海博物馆了解到了中国悠久的文化。

_____

14. 按照课文内容续完句子，互相问答。

***

– Тан Нин! Ты уже́ был в це́нтре го́рода?

– К сожале́нию, нет. У меня́ не́ было _____

_____

***

– Мы уви́дим прекра́сный Шанха́й и его́ достопримеча́тельности!

– А куда́ мы пойдём?

– На пе́рвом ме́сте в на́шей прогу́лке – Наро́дная пло́щадь, потому́ что _____

_____

***

– Наро́дная пло́щадь не про́сто больша́я, э́то огро́мная пло́щадь. Посмотри́, здесь мно́го
    прави́тельственных учрежде́ний（政府机构）.

– Мне ка́жется, э́то музе́й?

– Пра́вильно. Он называ́ется _____

_____

***

– В Наро́дном па́рке занима́ются гимна́стикой тай-цзи́? Здо́рово!

– Мно́гие шанха́йцы здесь отдыха́ют _____

_____

***

– Неуже́ли э́то Нанкинлу́? Я чита́л, что э́то са́мая ста́рая у́лица Шанха́я. Ско́лько здесь люде́й! А ско́лько магази́нов! И ни одно́й маши́ны!

– Потому́ что Нанкинлу́ – _____

_____ .

***

– Как краси́во вокру́г! Посмотри́, на друго́й стороне́ реки́ нахо́дится торго́во-фина́нсовая зо́на Луцзяцзу́й!

– И не то́лько. Вон _____

_____

***

– Ско́лько огне́й! На́бережная о́чень краси́ва ве́чером.

– Не зря вече́рние ви́ды на́бережной _____

_____

15. 按提纲复述课文。

1) Пе́рвое ме́сто в на́шей прогу́лке занима́ет _____ .

   На террито́рии _____ располага́ется _____ .

   Здесь мо́жно _____ и́ли _____ .

2) Недалеко́ от _____ нахо́дится _____ .

   Э́то _____ .

   Она́ изве́стна как _____ .

3) По у́лице _____ мы дошли́ до _____ .

   Я слы́шал, что Вайта́нь называ́ют _____ .

   На берегу́ реки́ Хуанпу́ мы уви́дели _____ .

4) На друго́й стороне́ реки́ Хуанпу́ нахо́дится _____ .

   Како́й прекра́сный вид! Э́то _____ .

5) Наступи́л ве́чер. В э́то вре́мя _____ .

   Здесь горя́т _____ .

   Не зря говоря́т, _____ .

16. 看图写话。

A. 这是人民广场的照片，请用下列所给单词进行描述。

   1) Как называ́ется пло́щадь?

   2) Где располага́ется э́та пло́щадь?

   3) Кака́я она́? Э́то пло́щадь

      больша́я, огро́мная; кру́глая,

      квадра́тная; краси́вая, ...?

4) Что нахо́дится на э́той пло́щади?

5) Почему́ вам нра́вится э́та пло́щадь?

Б. 根据提示完成短文《我们的街道》。

1) Как называ́ется у́лица?

2) Кака́я э́та у́лица (ти́хая, шу́мная, широ́кая, зелёная и т. д.)?

3) Что располага́ется на э́той у́лице?

(магази́н, парк, шко́ла, больни́ца и др.)

4) Где нахо́дится э́та у́лица?

5) Почему́ тебе́ нра́вится жить на э́той у́лице?

17. 按提示写一篇《故乡游记》。

1) Как называ́ется ваш го́род и почему́?

2) Ско́лько ему́ лет?

3) Ско́лько люде́й живёт в ва́шем го́роде?

4) Где располо́жен ваш го́род: на берегу́ мо́ря, реки́, в гора́х, на равни́не?

5) Каки́е изве́стные достопримеча́тельности есть в ва́шем го́роде?

6) Каки́е музе́и нахо́дятся в ва́шем го́роде?

7) Каки́е теа́тры есть в ва́шем го́роде?

8) Каки́е культу́рные собы́тия прохо́дят в ва́шем го́роде?

9) Каки́е краси́вые сады́ и́ли па́рки есть в ва́шем го́роде?

10) Где вы лю́бите гуля́ть в своём го́роде? Опиши́те э́то ме́сто.

18. 阅读对话及短文，并完成练习。

Санкт-Петербу́рг. Том и Са́ша е́дут в метро́.

– Здра́вствуй, Том! Как дела́?

– Приве́т! Всё в поря́дке. Я о́чень боя́лся, что мы не встре́тимся. В метро́ так мно́го люде́й!

– Это пра́вда, но ру́сские ча́сто встреча́ются в метро́ при вы́ходе с эскала́тора (自动扶梯).

– Са́ша, мы собира́лись в Па́вловск. Как пое́дем?

– Нам ну́жно дое́хать до ста́нции «Технологи́ческий институ́т», перейти́ на «Пу́шкинскую», там вы́ход на Ви́тебский вокза́л.

– Это далеко́?

– Нет, мину́т де́сять езды́. В метро́, как говоря́т ру́сские, «бы́стро, удо́бно, чи́сто и безопа́сно». Мне нра́вится е́здить на метро́.

– Согла́сен.

– «Технологи́ческий институ́т». Выхо́дим.

******

– Смотри́, здесь на сте́нах ста́нции вся исто́рия ру́сской нау́ки. От пе́рвых её шаго́в до полёта в ко́смос. Поэ́тому она́ называ́ется «Технологи́ческий институ́т».

– А ста́нцию «Пу́шкинская», наве́рное, назва́ли в честь Алекса́ндра Серге́евича Пу́шкина?

– Пра́вильно. Сейча́с мы её уви́дим!

А. 回答问题。

1) Нра́вится ли вам метро́? Почему́?

2) Встреча́лись вы с друзья́ми в метро́?

3) Вы нахо́дитесь на ста́нции «Стадио́н Хунко́у». Расскажи́те, как добра́ться до ста́нции метро́ «Аэропо́рт Пуду́н».

Что мо́жно посмотре́ть в Петербу́рге?

Петербу́рг – го́род тури́стов. Хорошо́ приезжа́ть в Петербу́рг ле́том, когда́ быва́ют бе́лые но́чи (25-26 ма́я – 16-17 ию́ля).

В го́роде бо́лее 50 музе́ев. Са́мый изве́стный из них – Эрмита́ж. Он нахо́дится на Дворцо́вой пло́щади. Э́то музе́й западноевропе́йского иску́сства.

Карти́ны ру́сских худо́жников мо́жно уви́деть в Ру́сском музе́е. Э́тот музе́й нахо́дится на пло́щади Иску́сств, недалеко́ от Не́вского проспе́кта.

Интере́сно посмотре́ть Петропа́вловскую кре́пость. Отсю́да начина́лся го́род.

Вы лю́бите поэ́зию? Добро́ пожа́ловать в го́сти к Алекса́ндру Серге́евичу Пу́шкину на Мо́йку, 12. Здесь нахо́дится музе́й-кварти́ра поэ́та.

Са́мый пе́рвый музе́й в Петербу́рге – э́то Кунстка́мера. Э́тот музе́й основа́л сам Пётр Пе́рвый: он люби́л собира́ть интере́сные и необы́чные ве́щи – так и роди́лся музе́й.

А сам Пётр встреча́ет вас на Сена́тской пло́щади. Э́тот па́мятник Петру́ Вели́кому – оди́н из си́мволов Петербу́рга.

Петербу́рг сла́вится свои́м бале́том. На у́лице Зо́дчего Росси́ нахо́дится знамени́тая бале́тная шко́ла – Петербу́ргская Акаде́мия бале́та. Лу́чшие её выпускники́ танцу́ют на сце́не всеми́рно изве́стного теа́тра – Мари́инского.

Б. 选择正确答案。

1) Са́мый изве́стный музе́й в Петербу́рге – э́то _____.

    а. Эрмита́ж   б. Ру́сский музе́й

    в. Кунстка́мера   г. Музе́й-кварти́ра Пу́шкина

2) На Сена́тской пло́щади вас встреча́ет _____.

    а. Пётр Пе́рвый   б. Алекса́ндр Серге́евич Пу́шкин

    в. па́мятник Петру́ Вели́кому   г. гру́ппа тури́стов

B. 将左右栏内单词组成词组。

западноевропе́йское	в го́сти
добро́ пожа́ловать	необы́чные ве́щи
музе́й-кварти́ра	иску́сство
собира́ть	бале́том
сла́виться	поэ́та

定向运动动词和不定向运动动词

在俄语里表示运动的动词中，有 18 组具有不同词根的未完成体动词，表示同一种运动，这种动词叫作运动动词。他们分为"定向动词"与"不定向动词"，同时具有"及物"与"不及物"的特征，形成特殊的对偶关系，如下所示：

	定向动词	不定向动词	
不及物动词	**идти́**	**ходи́ть**	走，去
	е́хать	**е́здить**	走，去（乘车、船、马等）
	бежа́ть	**бе́гать**	跑
	лете́ть	**лета́ть**	飞
	плыть	**пла́вать**	游，航行
	лезть	ла́зить	爬
	брести́	броди́ть	蹒跚，徘徊
	ползти́	по́лзать	匍匐前进，爬行
及物动词	**нести́**	**носи́ть**	带，拿
	вести́	**води́ть**	带领，引导
	везти́	**вози́ть**	搬运，运送
	гнать	гоня́ть	追赶，飞奔
	кати́ть	ката́ть	滚动，推滚
	тащи́ть	таска́ть	拖，拉
带 -ся 动词	кати́ться	ката́ться	滚动
	нести́сь	носи́ться	疾驰，飞跑
	гна́ться	гоня́ться	追，追赶
	тащи́ться	таска́ться	在地上拖拉，勉强地走

注：黑体标注的为常见运动动词，需重点掌握其意义和用法。

1. 定向动词的意义

　　1) 表示有一定方向的一次性动作，如：

　　　　Мы идём в столо́вую.

　　　　我们朝食堂走去。

　　　　Де́ти бегу́т сюда́.

　　　　孩子们朝这里跑来。

　　　　Он несёт чемода́н в ко́мнату.

　　　　他正把箱子拿到房间里。

　　　　Сейча́с семь с полови́ной, поэ́тому в метро́ мно́го наро́ду, все е́дут на рабо́ту.

　　　　现在七点半，因此地铁里有好多人，大家都去上班。

　　2) 表示在某一固定时间，朝一个方向运动的经常性动作，如：

　　　　Когда́ наступа́ет о́сень, пти́цы летя́т на юг.

　　　　每当秋天来临的时候，鸟儿们就飞向南方。

　　　　Ка́ждый раз, когда́ я шёл на рабо́ту, я встреча́л его́.

　　　　以前我每一次上班的时候，都能遇见他。

　　　　В семь часо́в ве́чера оте́ц е́дет домо́й с рабо́ты на авто́бусе.

　　　　晚上七点钟父亲乘公共汽车下班回家。

2. 不定向动词的意义

　　1) 表示不是朝一个方向或无固定方向的运动，如：

　　　　Де́ти бе́гают и игра́ют во дворе́.

　　　　孩子们在院子里跑着玩。

　　　　Ле́том студе́нты е́здят отдыха́ть.

　　　　夏季大学生们去休假。

　　　　Над го́родом лета́ют пти́цы.

　　　　鸟儿在城市上空飞翔。

　　2) 表示有一定方向的一次往返或多次重复的动作，如：

　　　　Мы ка́ждое воскресе́нье хо́дим в парк.

　　　　我们每个星期天都去公园。

　　　　– Вы пое́дете на экску́рсию в Храм Конфу́ция?

　　　　—— 您要去孔庙参观吗？

　　　　– Я уже́ е́здил туда́.

　　　　—— 我已经去过那儿了。

　　　　Вы куда́-нибудь ходи́ли в про́шлом ме́сяце?

　　　　您上个月去哪里了？

3) 表示动物的本能、特征或人的职业、经常性的活动、爱好、习惯等，如：

Ребёнок уже́ хо́дит.

孩子已经会走路了。

Вы е́здите на велосипе́де?

您骑自行车吗?

Пе́ред дождём пти́цы лета́ют ни́зко.

下雨前鸟儿飞得很低。

3. 定向运动动词或不定向运动动词用于转义时，只固定用于某些形式，而无定向与否的区别，如：

Там идёт собра́ние.

那儿正开会呢。

Он но́сит очки́.

他戴眼镜。

Вре́мя идёт (лети́т, бежи́т) бы́стро.

时光飞逝。

Тебе́ идёт э́тот цвет.

你适合这个颜色。

练习 ▶ Упражне́ния

1. 写出下列动词的变位形式及其过去时和命令式。

	я	ты	они́	过去时			命令式
				он	она́	они́	
идти́							
ходи́ть							
е́хать							
е́здить							
бежа́ть							
бе́гать							
лете́ть							
лета́ть							
плыть							
пла́вать							
нести́							

（续表）

	я	ты	они	过去时			命令式
				он	она́	они́	
носи́ть							
вести́							
води́ть							
везти́							
вози́ть							

2. 将句子译成汉语并说出运动动词的意义。

1) Я шёл по у́лице и встре́тил шко́льного това́рища.

2) Дом ва́шего дру́га нахо́дится ря́дом с ва́шим до́мом. Вы идёте и́ли е́дете к дру́гу?

3) Мой друг во́дит гру́ппы тури́стов по Москве́.

4) Я о́чень люблю́ е́здить в дере́вню к своему́ дя́де. Его́ дом стои́т пря́мо в лесу́.

5) Я ви́дел тебя́ из окна́: ты ходи́л о́коло на́шего до́ма с де́вушкой.

6) Мой брат лю́бит чита́ть и всегда́ но́сит с собо́й кни́ги.

7) В во́семь часо́в утра́ ма́ма ведёт до́чку в де́тский сад (幼儿园).

8) На́ша преподава́тельница но́сит чёрные очки́. Эти очки́ ей не иду́т.

9) Ле́том я е́хал в Харби́н, в том же по́езде е́хал и мой това́рищ.

10) Мать зовёт дете́й, и они́ бегу́т к ней.

3. 选择动词并将其变成适当形式。

1) Это мой друг, он _____ (идти́, ходи́ть) ко мне.

2) Самолёт _____ (лете́ть, лета́ть) из одного́ го́рода в друго́й.

3) Ба́бушка лю́бит _____ (е́здить, е́хать) на по́езде.

4) В магази́не я встре́тил тётю Олю, она́ _____ (нести́, носи́ть) корзи́нку с фру́ктами (果篮).

5) Бы́стро _____ (бе́гать, бежа́ть) ма́ленькая Ма́ша.

6) Ма́ма ка́ждое у́тро _____ (вести́, води́ть) сестру́ в де́тский сад.

7) Мы уви́дели самолёт, кото́рый _____ (лета́ть, лете́ть) по направле́нию к аэропо́рту (机场方向).

8) Дома́шние пти́цы почти́ не _____ (лета́ть, лете́ть).

9) Уже́ по́здно, ну́жно _____ (ходи́ть, идти́).

10) На́ша гру́ппа ка́ждое ле́то _____ (е́хать, е́здить) в Санья́.

4. 选择题。

1) Мой брат сейча́с _____ лу́чше всех в кла́ссе.

　　А. бе́гал　　　　　　Б. бежи́т　　　　　　В. бе́гает　　　　　　Г. бежа́л

2) Ма́ша научи́лась (学会) _____, когда́ ей ещё не́ было го́да.

　　А. е́хать　　　　　　Б. е́здить　　　　　　В. ходи́ть　　　　　　Г. идти́

3) Скажи́те, пожа́луйста, ско́лько вре́мени _____ самолёт от Пеки́на до Шанха́я?

　　А. лети́т　　　　　　Б. лета́ет　　　　　　В. летёл　　　　　　Г. лета́л

4) Я не пойду́ с тобо́й в музе́й, потому́ что вчера́ я уже́ _____ туда́.

　　А. шла　　　　　　　Б. ходи́ла　　　　　　В. хо́дит　　　　　　Г. идёт

5) Учи́тель ча́сто _____ свои́х ученико́в на стадио́н.

　　А. ведёт　　　　　　Б. вёл　　　　　　　　В. води́ла　　　　　　Г. во́дит

6) _____ сюда́ э́ти кни́ги, я положу́ их в шкаф.

　　А. Носи́　　　　　　Б. Неси́　　　　　　　В. Нёс　　　　　　　Г. Носи́л

7) Когда́ оте́ц обду́мывает (思考) како́й-нибудь вопро́с, он всегда́ _____ по ко́мнате.

　　А. идёт　　　　　　　Б. е́дет　　　　　　　В. хо́дит　　　　　　Г. е́здит

8) – Где ты был всё воскресе́нье?

　　– Това́рищ купи́л мотоци́кл (摩托车), и мы це́лый день _____ на нём по го́роду.

　　А. ходи́ли　　　　　Б. е́хали　　　　　　　В. е́здили　　　　　Г. шли

9) – Ты пе́рвый раз _____ на самолёте?

　　– Нет, не пе́рвый раз, я люблю́ _____.

　　А. лета́ешь　　　　　Б. лети́шь　　　　　　В. лета́ть　　　　　Г. лете́ть

10) Почему́ ры́ба _____, а пти́ца лета́ет?

　　А. плывёт　　　　　Б. плы́ли　　　　　　　В. пла́вает　　　　　Г. пла́вали

5. 用运动动词回答问题。

1) Что де́лают студе́нты на площа́дке?

　　_____

2) Студе́нты ча́сто смо́трят фи́льмы?

　　_____

3) Вы бы́ли в гостя́х у Ма Ими́на?

　　_____

4) Тан Нин заболе́л (生病了). Что ему́ ну́жно де́лать?

　　_____

5) Я тебя́ давно́ не ви́дел. Где ты был?

_____

6) Когда́ ты встре́тил преподава́теля?

_____

7) Когда́ ты купи́л газе́ты?

_____

8) Студе́нты ча́сто чита́ют журна́лы в чита́льном за́ле?

_____

6. 请按示例说说，当时您到哪里去或从哪里来？

> **Образец**   – Я ви́дел вас по́сле за́втрака на второ́м этаже́ (楼层).
>
>   – Это я шёл в кабине́т.
>
>   – Это я шёл из аудито́рии.

1) – Утром я ви́дел вас о́коло общежи́тия.

_____

2) – Сего́дня в 9 часо́в утра́ я ви́дел вас в авто́бусе.

_____

3) – Сего́дня по́сле обе́да я ви́дел вас у вхо́да в Большо́й теа́тр.

_____

4) – В суббо́ту мы ви́дели вас с това́рищами на на́бережной Вайта́нь.

_____

5) – Вчера́ ве́чером я ви́дел вас в Шанха́йском всеми́рном фина́нсовом це́нтре.

_____

6) – Вчера́ я ви́дел вас на Наро́дной пло́щади.

_____

УРОК 2

言语礼仪 **Речево́й этике́т**

就餐用语

对话 **Диало́ги**

课文 **Текст**

Вы лю́бите ру́сскую ку́хню?

语法 **Грамма́тика**

I. 形容词短尾

II. 直接引语和间接引语

言语礼仪 Речево́й этике́т

就餐用语

Покажи́те, пожа́луйста, ... 请给我看一下……

Что вы бу́дете зака́зывать? 你们要点什么（菜）呢?

Что вы нам посове́туете взять? 您建议我们点什么?

На пе́рвое (на второ́е, на десе́рт) я возьму́ ... 第一道菜（第二道菜，甜品）我要……

Прия́тного аппети́та! 祝（您）好胃口!

Да́йте, пожа́луйста, счёт. Ско́лько с нас? 请给我账单。我们该付多少钱?

对话 Диало́ги

В кафе́

1. – Де́вушка, покажи́те, пожа́луйста, мне э́тот торт.

   – Пожа́луйста.

   – Спаси́бо, я беру́.

2. – Скажи́те, пожа́луйста, как называ́ется э́то блю́до?

   – Шашлы́к. Вам нра́вится э́то блю́до?

   – Да, о́чень вку́сно.

   – Прия́тного аппети́та!

   – Спаси́бо.

3. – Да́йте, пожа́луйста, счёт. Ско́лько с нас?

   – С вас 98 (девяно́сто во́семь) ю́аней.

4. – Извини́те, э́то ме́сто свобо́дно?

   – Да, сади́тесь, пожа́луйста.

   – Мы хоти́м взять две по́рции жа́реных пельме́ней.

   – Для зака́за и опла́ты че́рез WeChat, пожа́луйста, отскани́руйте QR-код, располо́женный в углу́ стола́.

В рестора́не

5. – До́брый ве́чер. Что бу́дете зака́зывать?

   – До́брый ве́чер. Каки́е сала́ты у вас есть?

   – Вот меню́. Выбира́йте заку́ски и сала́ты. Предлага́ю овощны́е сала́ты.

   – Попро́буем сала́т «Оливье́». Я зна́ю, что в Росси́и э́то люби́мое блю́до. На пе́рвое борщ, пожа́луйста.

– Хорошо́. А что на второ́е?

– Что вы нам посове́туете взять? Како́е у вас фи́рменное блю́до?

– Жа́ркое из свини́ны. Могу́ та́кже посове́товать ры́бу с карто́фелем, под майоне́зом.

– Спаси́бо, тогда́ две по́рции жарко́го, одну́ ры́бу, пожа́луйста.

– ОК!

– И ещё хочу́ два моро́женого, а ма́ме – квас.

– Всё?

– Всё, спаси́бо.

– Ваш зака́з бу́дет гото́в че́рез 20–30 мину́т.

– Спаси́бо, вы о́чень любе́зны.

НОВЫЕ СЛОВА

аппети́т 食欲，胃口

блю́до 菜肴；一道菜，一盘菜；盘子

борщ 红甜菜汤

брать *беру́, берёшь, беру́т* [未] // [完]

    взять *возьму́, возьмёшь, возьму́т*

    拿，取

вку́сно 津津有味地，美味地

гото́вый 准备好的

десе́рт 甜食，点心

жа́реный 炸的，煎的，炒的

жарко́е 炒菜，烤肉

зака́з 订购；订购品

зака́зывать (I) [未] // [完] заказа́ть (I) 订购

заку́ска 冷盘，小吃；

карто́фель (阳) 土豆

квас 格瓦斯 (俄罗斯一种清凉饮料)

код 代码；密码；符号

майоне́з 蛋黄酱，沙拉酱

меню́ (中) 菜单

моро́женое 冰激凌

овощно́й 蔬菜的

Оливье́ 奥利维耶沙拉

опла́та 支付；费用

отбивна́я (拍松了的) 煎肉排

отскани́ровать (I) [完] 扫描下来

официа́нт 饭馆服务员

про́бовать (I) [未] // [完] попро́бовать (I)

    (что) 尝尝；试试

пока́зывать (I) [未] // [完] показа́ть (II)

    (кого́-что) 展示，展现

по́рция 一份儿（饭菜、饮料）

прия́тный 令人高兴的

располо́женный 处在……的，位置

    在……的

рестора́н 餐厅

сала́т 沙拉；凉拌菜

свини́на 猪肉

свобо́дный 自由的；未被占用的

суп 汤

счёт 账单

фи́рменный 名牌的，高质量的

че́рез (前) *(кого́-что)* 经过

шашлы́к 烤（羊、牛、猪）肉串

练习 ▶ Упражне́ния

1. 朗读并记住下列词组和句子。

свобо́дное ме́сто	空位	две по́рции	两份
жа́реные пельме́ни	煎饺	Прия́тного аппети́та!	祝您好胃口!
овощно́й сала́т	蔬菜沙拉	фи́рменное блю́до	招牌菜色
QR-код	二维码	отскани́ровать QR-код	扫二维码
ры́ба под майоне́зом	沙拉酱拌鱼		

2. 掌握下述积极词汇的用法。

А. 朗读并翻译右列句子。

брать – взять (кого-что)	• Мы хоти́м взять две по́рции жа́реных.
	• Спаси́бо, я беру́ пельме́ни.
зака́зывать – заказа́ть (кого-что)	• До́брый ве́чер, что бу́дете зака́зывать?
пока́зывать – показа́ть (кого-что)	• Де́вушка, покажи́те, пожа́луйста, мне э́тот торт.
про́бовать – попро́бовать (кого-что, с инф.)	• Попро́буем сала́т «Оливье́». Я зна́ю, что в Росси́и э́то люби́мое блю́до.
по́рция	• Спаси́бо, тогда́ две по́рции отбивно́й, одну́ ры́бу, пожа́луйста.
че́рез	• Ваш зака́з бу́дет гото́в че́рез 20–30 минут.

Б. 用上述左列词汇的适当形式填空。

1) Сестра́ _____ себе́ но́вое пла́тье.

2) _____ на у́тро маши́ну к семи́.

3) На́до зара́нее _____ биле́т на по́езд.

4) _____ э́ту запечённую у́тку, я сам пригото́вил её.

5) Студе́нты _____ расска́зывать те́ксты свои́ми слова́ми.

6) Да́йте мне _____ моро́женого.

7) _____ нам свой родно́й го́род на ка́рте.

8) Ско́лько _____ сала́та «Оливье́» бу́дете зака́зывать?

9) Де́ти прие́дут в Диснейле́нд _____ час.

10) _____, пожа́луйста, как написа́ть э́тот иеро́глиф.

В. 翻译下列句子，注意黑体词的用法。

1) Посове́туйте, пожа́луйста, что мне взять на обе́д?

2) Что вы берёте с собо́й в доро́гу?

3) Река́ Янцзы́ берёт нача́ло в прови́нции Цинха́й.

4) В библиотéке мóжно взять кни́ги на мéсяц.

5) Мы возьмём такси́, поката́емся и посмóтрим гóрод.

6) Приглаша́ю вас сегóдня на концéрт, я ужé взял для вас билéт.

3. 看图识词并按要求归类。

А.
1) свини́на	2) говя́дина	3) бара́нина	4) ку́рица	5) у́тка
6) соси́ски	7) ры́ба	8) картóфель	9) огурéц	10) помидóр
11) фру́кты	12) анана́с	13) рис	14) хлеб	15) лапша́
16) чай	17) сок	18) морóженое	19) соль	20) майонéз

Б. 1) на пéрвое: 2) на вторóе: 3) на трéтье:

4. 按示例用所给词汇编对话，注意黑体词的用法。

Образец   1) – Дéвушка, **покажи́те,** пожа́луйста, мне э́ту ры́бу.

– Пожа́луйста.

– Спаси́бо, я беру́. **Скóлько она́ стóит?**

– 21 юань. **Опла́та чéрез WeChat, пожа́луйста, отскани́руйте QR-код.**

2) – Здра́вствуйте!

– Здра́вствуйте! **Да́йте,** пожа́луйста, мне эту пи́ццу (披萨).

– Пожа́луйста.

– Она́ свéжая?

– Ещё горя́чая.

– Тогда́ я **возьму́. Скóлько с меня́?**

– 300 рублéй.

(анана́с, у́тка, хлеб, ры́ба, часы́, пла́тье, костю́м, су́мка, _____)

5. 选择下列句子补完对话。

Дава́й пойдём в столо́вую; в на́ше люби́мое кафе́. Там хорошо́ гото́вят; Этот сто́лик свобо́ден? Посове́туйте, пожа́луйста, что нам взять на второ́е; Я хочу́ попро́бовать шашлы́к; Я возьму́ сала́т, пельме́ни и сок; Я вам сове́тую взять мя́со; Мне чёрный ко́фе; Принеси́те две по́рции сала́та, сок, пельме́ни и шашлы́к; Ско́лько с нас?

1) – На́дя, ты ещё не обе́дала? _____.

   – Хорошо́, пойдём.

2) – Андре́й, мы гуля́ли по го́роду це́лое у́тро. Дава́й перекуси́м (稍微吃点)?

   – Я зна́ю одно́ кафе́. _____.

   – А э́то далеко́?

   – Нет, не о́чень.

3) – _____.

   – Возьми́те ры́бу, она́ о́чень све́жая.

   – Хорошо́, принеси́те нам, пожа́луйста, ры́бу.

4) – Я слу́шаю вас.

   – Пожа́луйста, сала́т, два су́па, жа́реная ры́ба.

   – _____, у нас сего́дня вку́сное мя́со.

5) – Ну что? Куда́ пойдём обе́дать?

   – Дава́й как обы́чно, _____.

   – Хоро́шо, идёт.

6) – _____?

   – Да, пожа́луйста. Сади́тесь, пожа́луйста! Вот меню́.

7) – Что мы бу́дем зака́зывать?

   – Пожа́луй, _____ А ты?

   – _____. Де́вушка, пожа́луйста, _____

8) – Что вы бу́дете пить?

   – _____, а ему́ апельси́новый сок, пожа́луйста.

   – Хорошо́.

   – _____?

   – 1300 рубле́й.

6. 将下列对话翻译成俄语。

1) — 我要一张三人桌。

   _____

— 请吧，这张桌子空着。

_____

— 请把菜单给我看一下。

_____

— 您可以扫一下桌上的二维码点菜。

_____

2) — 请问，你们想吃点什么?

_____

— 你们有哪些沙拉?

_____

— 这是菜单，请选吧。

_____

— 我想尝尝奥利维耶沙拉，我知道它在俄罗斯很受欢迎。主菜请来一份烤肉……

_____

— 你们的订单再过 15 到 20 分钟就好了。

_____

— 谢谢! 您真客气。

_____

3) — 请问，您想要喝些什么呢?

_____

— 给我来一杯黑咖啡，外加一份冰激凌。多少钱?

_____

— 68 元。

_____

7. 朗读对话，根据问答内容调整句序。

A. – **Так, смо́трим электро́нное меню́. Ну, что бу́дем зака́зывать на пе́рвое?**

　– Дава́й моро́женое и ко́фе.

　– **А на второ́е?**

　– Давай возьмём грибно́й (蘑菇的) суп. Его́ здесь замеча́тельно гото́вят.

　– **А что возьмём на десе́рт?**

　– Предлага́ю жа́реный карто́фель и ку́рицу.

Б. – Что на пе́рвое?

– Мы хоте́ли бы заказа́ть сала́т с кра́бами (蟹).

– Что-нибудь на десе́рт?

– Ваш фи́рменный борщ со смета́ной!

– До́брый день! Что бу́дете зака́зывать?

– Мы возьмём две по́рции жарко́го.

– На второ́е что берёте: ры́бу и́ли мя́со?

– Я ду́маю, десе́рт мы зака́жем пото́м.

8. 请指出使用下述句子的场景。

Я бу́ду есть па́лочками.

Здесь свобо́дно?

Ско́лько с меня́?

Прия́тного аппети́та!

Ско́лько ло́жек са́хара?

Спаси́бо! Всё бы́ло о́чень вку́сно!

中国智慧：金句表达

有梦想，有机会，有奋斗，一切美好的东西都能够创造出来。

（《习近平谈治国理政》第一卷，第40页）

Имея мечту, возможности и желание бороться, мы, безусловно, в состоянии создать все прекрасное.

（«Си Цзиньпин о государственном управлении» I, стр. 54）

课文 Текст

Вы лю́бите ру́сскую ку́хню?

Ко мне в го́сти прие́хали мои́ ма́ма и сестра́. Я реши́л познако́мить мои́х родны́х с рýсской национáльной кýхней. Это необы́чно и интерéсно.

В Шанхáе есть рýсский ресторáн «Катю́ша». Он нахóдится почти́ в цéнтре гóрода.

Я читáл óтзывы о нём. Крóме тогó, мы с мои́ми друзья́ми ужé бы́ли в э́том ресторáне. Во-пéрвых, там отли́чно кóрмят. Вáжно, что шеф-пóвар ресторáна рýсский, знáчит, здесь мóжно попрóбовать настоя́щую рýсскую едý, от борщá до блинóв с икрóй.

Моя́ мáма óчень вкýсно готóвит, её трýдно чем-нибудь удиви́ть, но я постарáюсь. Мóжно взять борщ со сметáной, фи́рменный салáт и жáреное мя́со – шни́цель. Сестрé понрáвятся рýсские пирожки́ с капýстой и морóженое, конéчно! Онá сладкоéжка! А ещё мóжно взять блины́ с икрóй и́ли слáдкие блины́ – с мёдом и́ли варéньем … Я, конéчно, воспóльзуюсь QR-меню́ и зарáнее покажý мáме и сестрé рýсские блю́да.

Во-вторы́х, в ресторáне ую́тно и, глáвное, здесь рýсская атмосфéра. Владéлец ресторáна, а тáкже официáнтки говоря́т по-рýсски, большинствó посети́телей тóже рýсские. В зáле есть нéсколько телеви́зоров, котóрые покáзывают рýсские передáчи. По вечерáм в ресторáне «живáя» мýзыка: рýсские музыкáнты пою́т популя́рные совремéнные, а тáкже рýсские нарóдные пéсни. Мáма, конéчно, знáет «Подмоскóвные вечерá» «Катю́шу» и «Кали́нку», ей бýдет прия́тно услы́шать знакóмую мýзыку.

Итáк, мы бýдем наслаждáться рýсской едóй, слýшать рýсские пéсни, а я расскажý мáме о рýсских блю́дах. Мне кáжется, что пойти́ в рýсский ресторáн – это неплохáя идéя! Онá мне нрáвится ещё и потомý, что цéны здесь не óчень высóкие.

Решенó! Идём в рýсский ресторáн! Это бýдет сюрпри́з для моéй мáмы!

А сейчáс мне нýжно заказáть стóлик «на трои́х», и я это сдéлаю по-рýсски!

НОВЫЕ СЛОВА

блин 薄煎饼

большинство 多半，大多数

варéнье 甜果酱

воспóльзоваться (I) [未] // [完]
  пóльзоваться *(чем)* 使用，运用

вести́ (I), *ведý, ведёшь, ведýт* [未] *(когó-что)* 领，带领

владéлец 所有者，业主

готóвить (II) [未] *(что 或无补语)* 准备；
  做饭

едá 吃食，食物

живóй 真实的；充满活力的

зарáнее [副] 预先，事先

знакóмый 熟悉的；相识的

икрá 鱼子酱

итáк [副] 于是，因此

казáться (I) [未] (кому), кáжется,
    казáлось 以为，觉得

капýста 白菜，卷心菜

кормúть (II) [未] // [完] накормúть (когó-
    что) 喂养；供养

мёд 蜂蜜

музыкáнт 音乐家

наслаждáться (I) [未] // [完] насладúться
    (II) (кем-чем) 欣赏；享受

настоя́щий 真正的；目前的

необы́чный 不同寻常的；特殊的

óтзыв 评语；评论

отлúчно 很好地，出色地

передáча 转播；传递

пирожóк 小馅饼

подмоскóвный 莫斯科近郊的

посетúтель [阳] 访问者；参观者

решенó [副] 决定好地

слáдкий 甜的

сладкоéжка 爱吃甜食者

сметáна 酸奶油

стóлик 小桌子

сюрпрúз 意外，惊喜

тáкже 同样也；同时

трóе [数] 三个，三个人

удивúть (II) [完] // [未] удивля́ть (когó)
    使惊讶

ценá 价钱，价值

шеф-пóвар 主厨

шнúцель [阳] 煎肉饼

练习 **Упражне́ния**

9. 朗读并记住下列词组。

крóме тогó	除此之外
национáльная кýхня	民族美食
вкýсно готóвить	饭做得好吃
борщ со сметáной	酸奶油红菜汤
фúрменный салáт	招牌沙拉
пирожóк с капýстой	白菜馅饼
большинствó посетúтелей	大多数游客
рýсская передáча	俄罗斯电视广播
по вечерáм	每逢晚上
наслаждáться рýсской едóй	享受俄罗斯美食
стóлик «на трóих»	三人桌

10. 掌握下列积极词汇的用法。

А. 朗读并翻译右列句子。

вести (кого-что)	• Я веду ма́му в ру́сское кафе́.
гото́вить – пригото́вить (кого-что)	• Моя́ ма́ма о́чень вку́сно гото́вит.
корми́ть – накорми́ть (кого-что, чем)	• Во-пе́рвых, там отли́чно ко́рмят.
наслажда́ться – наслади́ться (кем-чем)	• Ита́к, мы бу́дем наслажда́ться ру́сской едо́й, слу́шать ру́сские пе́сни, а я расскажу́ ма́ме о ру́сских блю́дах.
по́льзоваться – воспо́льзоваться (чем)	• Я, коне́чно, воспо́льзуюсь QR-меню́ и зара́нее покажу́ ма́ме и сестре́ ру́сские блю́да.
удивля́ть – удиви́ть (кого-что)	• Её тру́дно чем-нибудь удиви́ть.

Б. 用上述左列词汇的适当形式填空。

1) Куда́ гид нас _____?

2) Студе́нты _____ иностра́нных госте́й в а́ктовый зал.

3) Кто у вас до́ма _____?

4) Ты _____ презента́цию к собра́нию?

5) По пра́здникам ма́ма _____ пельме́ни.

6) В де́тском саду́ _____ дете́й моло́чной ка́шей.

7) Мно́гие лю́бят во вре́мя о́тдыха _____ му́зыкой и пе́нием.

8) В како́м рестора́не _____ настоя́щую кита́йскую ку́хню?

9) Его́ ниче́м не _____.

10) Кита́й _____ весь мир свои́м грандио́зным строи́тельством.

11) Во вре́мя экза́менов нельзя́ _____ словарём.

12) Журна́лами мо́жно _____ то́лько в чита́льном за́ле.

В. 词义辨析：

слы́шать – услы́шать   слу́шать

1) В аудито́рии ти́хо. Все внима́тельно _____ преподава́теля.

2) Я вас не _____, говори́те гро́мче.

3) Я _____, что фильм пока́жут ве́чером в студе́нческом клу́бе.

4) Мы зна́ем мно́го ру́сских пе́сен, и мы лю́бим петь ру́сские пе́сни, но э́ту пе́сню никогда́ не _____.

5) Когда́ ба́бушка _____ пе́сню «Моя́ ро́дина», она́ сразу́ её запе́ла.

11. 将括号中的中文译成俄语。

1) А сейча́с мне на́до заказа́ть (三人桌 _____

_____), и я э́то сде́лаю по-ру́сски!

2) Есть ли у вас (双人房 _____

_____)?

3) Владе́лец рестора́на, а та́кже официа́нтки говоря́т по-ру́сски, (多数就餐者 _____

_____) то́же ру́сские.

4) (大多数学生 _____

_____) живёт в общежи́тии на́шей шко́ле.

5) В ка́ждом году́ (许多游客 _____

_____) приезжа́ет в Шанха́й,

(多数游客 _____

_____) посеща́ет телеба́шню «Восто́чная жемчу́жина». (东方明珠电视塔)

6) Ва́жно, что шеф-по́вар рестора́на ру́сский, зна́чит, здесь мо́жно попро́бовать настоя́щую

ру́сскую еду́, (从红菜汤到鱼子馅饼 _____

_____).

7) (从家到单位 _____

_____) я е́ду на авто́бусе 30 мину́т.

8) Кани́кулы продолжа́ются (1 号到 8 号 _____

_____).

12. 按示例回答问题，注意黑体词的使用。

Образец

А. – Когда́ в рестора́не жива́я му́зыка?

– **По** вечера́м (в рестора́не жива́я му́зыка).

1) – Когда́ у вас заня́тия по ру́сскому языку́?

2) – Когда́ лю́ди де́лают пода́рки друг дру́гу?

3) – Когда́ вы занима́етесь в чита́льном за́ле?

4) – Когда́ вы отдыха́ете?

Б. – Что вы ду́маете о ру́сском рестора́не «Катю́ша»?

– Это хоро́ший рестора́н. **Во-пе́рвых, … Во-вторы́х, …**

1) – Вы лю́бите ко́фе и́ли чай?

– Чай, коне́чно. Во-пе́рвых, … Во-вторы́х, …

Или – Ко́фе, коне́чно. Во-пе́рвых, … Во-вторы́х, …

2) – Как вы ду́маете, молоды́е хотя́т жить в большо́м го́роде и́ли в дере́вне?

– _____

3) – Почему́ де́ти лю́бят пра́здник Весны́?

– _____

4) – Почему́ студе́нты лю́бят занима́ться в чита́льном за́ле?

– _____

13. 按示例扩展句子。

> **Образец**   Этот рестора́н мне нра́вится **ещё и потому́, что** це́ны здесь не о́чень высо́кие.

1) Я поступи́л в Университе́т иностра́нных языко́в ещё и потому́, что _____

2) Этот фильм мне не нра́вится ещё и потому́, что _____

3) Де́ти лю́бят пра́здник Весны́ ещё и потому́, что _____

4) Са́ша лю́бит е́здить к ба́бушке в го́сти ещё и потому́, что _____

5) Тан Нин де́лает больши́е успе́хи в учёбе ещё и потому́, что _____

14. 根据词义将括号里的词变成适当的形式，并在需要的地方添加前置词。

1) _____ (я) _____ (гость) прие́хали мои́ ма́ма и сестра́.

2) Я о́чень рад _____ (это) и реши́л познако́мить мои́х родны́х _____ (ру́сская национа́льная ку́хня).

3) Я чита́л о́тзывы _____ (рестора́н).

4) _____ (Ма́ма) тру́дно _____ (что-нибудь) удиви́ть.

5) Ма́ма, коне́чно, зна́ет «Катю́шу» и «Кали́нку», _____ (она́) бу́дет прия́тно услы́шать знако́мую му́зыку.

6) _____ (Я) ка́жется, что это неплоха́я иде́я!

7) Это бу́дет сюрпри́з _____ (моя́ ма́ма)!

8) А сейча́с (я) _____ ну́жно заказа́ть сто́лик « _____ (тро́е)», и я это сде́лаю по-ру́сски!

15. 翻译下列句子。

1) 我们食堂的伙食不错。

   _____

2) 阿姨为俄罗斯的客人准备好了房间。

   _____

3) 祖父一人养活了一大家子。

   _____

4) 游客在展览上欣赏著名画家的画。

   _____

5) 彼得的回答让老师大吃一惊。

   _____

6) 作家在自己的小说中向我们展示了当代中国农村的生活。

   _____

7) "看，这是我的画！" 妮娜开心地指着墙上的画说。

   _____

8) 大厅里有许多参观者，其中多数是上了年纪的人。

   _____

16. 回答问题。

A. 根据课文内容回答问题。

1) Что хо́чет сде́лать Тан Нин, когда́ к нему́ в го́сти прие́дет ма́ма с сестро́й?

2) Почему́ Тан Нин хо́чет пригласи́ть ма́му и сестру́ в ру́сский рестора́н?

3) Как вы ду́маете, ма́ме понра́вится ру́сский рестора́н и ру́сская ку́хня? Почему́?

4) А вы са́ми бы́ли в ру́сском рестора́не? В како́м и где? Вы бу́дете сове́товать свои́м друзья́м пойти́ туда́?

Б. 根据实际情况回答问题。

1) Каки́е блю́да вы лю́бите?

2) Вы уме́ете гото́вить?

3) Каки́е проду́кты вы обы́чно покупа́ете?

4) Что вы обы́чно еди́те на за́втрак?

5) Что вы обы́чно еди́те на у́жин?

В. 如果你是学校俄式餐厅的经理，请回答下列问题。

1) Кто у вас бу́дет рабо́тать?

2) Како́е меню́ вы предлага́ете?

3) Бу́дет ли у вас жива́я му́зыка?

4) Каку́ю рекла́му (广告) вы сде́лаете для своего́ кафе́, что́бы оно́ ста́ло популя́рным?

5) Како́й интерье́р (内部装修) бу́дет в ва́шем кафе́?

6) И, кста́ти, как же бу́дет называ́ться ва́ше кафе́?

17. 按要求编对话。

1) Закажи́те по телефо́ну сто́лик в рестора́не «Катю́ша». Соста́вьте диало́г с дежу́рным администра́тором, укажи́те день, вре́мя, коли́чество люде́й. Уточни́те, бу́дет ли жива́я му́зыка.

Испо́льзуйте:

Мне хоте́лось (想要，希望) бы заказа́ть; сто́лик у окна́; на трёх челове́к; пя́тница; 14 часо́в; выступле́ние арти́стов.

2) Что бы вы заказа́ли в ру́сском рестора́не?

Соста́вьте предложе́ние по моде́ли: Я хочу́ заказа́ть сала́т, щи, котле́ту с ри́сом и чай без са́хара.

参考并翻译菜单：

МЕНЮ		中文翻译
заку́ски:	сала́т «Витами́нный» (капу́ста, морко́вь)	
	сала́т «Оливье́» (карто́фель, колбаса́, огуре́ц со́лёный, я́йца, морко́вь, майоне́з)	

МЕНЮ		中文翻译
	бутербро́д с сы́ром (ры́бой)	
пе́рвые блю́да:	борщ (мясно́й суп, капу́ста, морко́вь, свёкла, лук, зе́лень: укро́п и петру́шка, смета́на)	
	щи (мясно́й суп, капу́ста, морко́вь, зе́лень: укро́п и петру́шка)	
	соля́нка (груди́нка копчёная, колбаса́, морко́вь, карто́фель, огурцы́ солёные, тома́т-па́ста, ма́сло расти́тельное, лавро́вый лист, соль, са́хар)	
	уха́, ры́бный суп	
вторы́е блю́да:	бифште́кс, котле́та мясна́я, ку́риная, ры́ба жа́реная, пельме́ни	
гарни́ры:	карто́фельное пюре́, макаро́ны, рис, о́вощи, блины́ с икро́й (с ва́реньем, с мя́сом, с ветчино́й и гриба́ми)	
десе́рты:	моро́женое, фрукто́вый сала́т, торт	
безалкого́льные напи́тки:	чай, ко́фе, сок, вода́ (минера́льная, газиро́ванная, негазиро́ванная)	

18. 根据提纲，利用关键词复述课文。

А. Реше́ние посеще́ния ру́сского рестора́на

(познако́мить, ру́сский рестора́н, недалеко́ от це́нтра го́рода)

Б. Отзыв о рестора́не

(отли́чно корми́ть, шеф-по́вар, настоя́щая ру́сская еда́, от _____ до _____, кро́ме того́)

В. Зака́з ру́сских блюд

(вку́сно гото́вить, мо́жно взять, воспо́льзуюсь QR-меню́, показа́ть ру́сские блю́да)

Г. Атмосфе́ра рестора́на

(говори́ть по-ру́сски, большинство́ посети́телей, ру́сские переда́чи, «жива́я» му́зыка, услы́шать знако́мую му́зыку)

Д. Хоро́шая иде́я

(наслажда́ться ру́сской едо́й, слу́шать ру́сские пе́сни, це́ны не высо́кие, сюрпри́з для ма́мы, сто́лик «на трои́х»)

19. 借助词典阅读下列短文并回答问题。

Китайская кухня

По слова́м жи́телей Кита́я, кита́йская ку́хня – са́мая разнообра́зная в ми́ре.

В ка́ждом райо́не и да́же в дере́вне есть своё фи́рменное блю́до. Официа́льно же в Кита́е существу́ет 8 региона́льных ку́хонь со свои́ми осо́бенностями:

Шаньду́нская (鲁菜): солёный, не́жный вкус, мно́го супо́в и морепроду́ктов.

Сычуа́ньская (川菜): о́стрый вкус, испо́льзуются сухи́е припра́вы, разли́чные ви́ды перца́ и о́стрые со́усы.

Канто́нская (粤菜): не́жный, сладкова́тый вкус, визи́тная ка́рточка – ки́сло-сла́дкий и у́стричный со́ус.

Фуцзя́ньская (闽菜): лёгкий, сла́дкий, ки́слый и о́стрый вкус, мно́го морепроду́ктов, супо́в, припра́в.

Цзянсу́ская (苏菜): солёный и сла́дкий вкус, ма́ло ма́сла, стара́ются сохрани́ть оригина́льный вкус.

К ру́сской ку́хне бли́же всего́ се́веро-восто́чная: в ней есть супы́, пельме́ни и мно́го тушёных блюд.

Ру́сская ку́хня? ... Это необы́чно и непривы́чно ...

Вы изуча́ете ру́сский язы́к и ру́сскую культу́ру? А ру́сскую ку́хню вы про́бовали?

Как изве́стно, в ка́ждой стране́, у ка́ждого наро́да своя́ ку́хня. Почему́ так? Тради́ции любо́й национа́льной ку́хни ухо́дят в далёкое про́шлое. Очень ва́жно, в како́м кли́мате жи́ли лю́ди и чем они́ занима́лись. Ру́сские, наприме́р, бы́ли земледе́льцами. Они́ выра́щивали зерно́ и о́вощи, из кото́рых гото́вили ра́зные ка́ши, овощны́е блю́да и супы́.

Ру́сские всегда́ е́ли мно́го хле́ба и относи́лись к хле́бу с больши́м уваже́нием: «Хлеб – всему́ голова́» «Без со́ли и хле́ба плоха́я бесе́да».

Ру́сские держа́ли в до́ме коро́ву. Из молока́ де́лали смета́ну и творо́г.

Ру́сские бы́ли охо́тниками и рыболо́вами, поэ́тому в ру́сской ку́хне мно́го мясны́х и ры́бных блюд.

Ру́сские люби́ли лес. Они́ собира́ли в лесу́ грибы́, оре́хи и я́годы и, коне́чно, гото́вили из них вку́сные блю́да.

А ещё ру́сские де́лали на зи́му «загото́вки»: соли́ли грибы́, огурцы́, капу́сту, вари́ли варе́нье.

Ру́сская еда́ жи́рная, что́бы лу́чше перенести́ холо́дные ру́сские зи́мы. Тради́ция ру́сских – есть мно́го и сы́тно, и э́та привы́чка живёт до сих пор.

Вопро́с: А каки́е блю́да кита́йской и ру́сской ку́хни вам нра́вятся / не нра́вятся? Расскажи́те.

语法 **Грамма́тика**

I. 形容词短尾 (кра́ткая фо́рма и́мени прилага́тельного)

大多数性质形容词有全尾 (по́лная форма) 和短尾 (кра́ткая фо́рма) 两种形式，短尾形式是由全尾形式构成，它只有性和数的变化，没有格的变化，如：согла́сный – согла́сен, согла́сна, согла́сно, согла́сны。

1. 形容词短尾形式的构成

形容词短尾形式由全尾形容词去掉词尾 -ый, -ий, -ой 构成。阳性秃尾，阴性加 -а (-я)，中性加 -о (-е)，复数加 -ы (-и)：

全尾	短尾			
	单数			复数
	阳性	**阴性**	**中性**	
но́вый	нов	нова́	но́во	но́вы
гото́вый	гото́в	гото́ва	гото́во	гото́вы
интере́сный	интере́сен	интере́сна	интере́сно	интере́сны
высо́кий	высо́к	высока́	высоко́	высоки́
горя́чий	горя́ч	горяча́	горячо́	горячи́
си́ний	синь	синя́	си́не	си́ни

短尾形容词的构成有以下规律：

1) 词干是多音节的形容词，构成短尾时，重音通常不变，如表格中的 интере́сный 的短尾形式。词干是单音节或双音节的形容词，构成短尾时，重音常常移动。常见的移动情况有两种：一种是仅阴性重音移动至词尾，其余重音不变，如表格中的 но́вый 的短尾形式；另一种是除短尾阳性外，其余重音均在词尾，如表格中的 высо́кий 和 горя́чий 的短尾形式。还有一些重音变化特殊的形容词短尾形式，需单独记忆，如：

молодо́й – мо́лод, молода́, мо́лодо, мо́лоды

дорого́й – до́рог, дорога́, до́рого, до́роги

холо́дный – хо́лоден, холодна́, хо́лодно, хо́лодны

весёлый – ве́сел, весела́, ве́село, ве́селы

2) 形容词词干以 г, к, х, ж, ч, ш, щ 结尾时，则短尾复数为 -и，如：

хоро́ший – хоро́ш, хороша́, хорошо́, хорош*и́*

похо́жий – похо́ж, похо́жа, похо́же, похо́ж*и*

3) 形容词词干结尾处以两个辅音字母相连，构成阳性词尾时，需加元音 -о, -е 或 -ё，如：

я́ркий – я́р*о*к, ярка́, я́рко, я́рки

сло́жный – сло́ж*е*н, сложна́, сло́жно, сло́жны

39

больно́й – бо́л*е*н, больна́, больно́, больны́

споко́йный – споко́*е*н, споко́йна, споко́йно, споко́йны

у́мный – ум*ё*н, умна́, у́мно, у́мны

си́льный – сил*ё*н, сильна́, си́льно, си́льны

4) 有些形容词结尾处有两个辅音相连，但是后一个辅音为 -р, -л, -ст，或有三个辅音相连时，构成阳性词尾时，为秃尾，如：

до́брый – добр, добра́, добро́, добры́   чи́стый – чист, чиста́, чи́сто, чи́сты

просто́й – прост, проста́, про́сто, про́сты   бы́стрый – быстр, быстра́, бы́стро, бы́стры

5) 有些形容词借用其他形容词的短尾形式，如：

большо́й – вели́к, велика́, велико́, велики́   ма́ленький – мал, мала́, мало́, малы́

6) 有些形容词只有短尾形式，如：

рад, ра́да, ра́до, ра́ды   до́лжен, должна́, должно́, должны́

2. 形容词短尾形式的用法

形容词的全尾形式和短尾形式在句法功能上有区别，全尾形式可以作定语和谓语，而短尾形式只能作谓语，如：

Бык бу́дет **гла́вным** живо́тным в **сле́дующем** году́.（全尾作定语）

明年是牛年。

Це́ны здесь не о́чень **высо́кие**.（全尾作谓语）

这里价格不贵。

Ваш зака́з бу́дет **гото́в** че́рез 20 мину́т.（短尾作谓语）

您的订单（点的菜）将在 20 分钟后准备好。

作谓语时，短尾形式与全尾形式的主要区别如下：

1) 短尾形式常见于书面语，全尾形式多用于口语，如：

Этот проце́сс **прост, удо́бен, недо́рог.**

这一过程简洁、便利、价廉。

Но́чи здесь **холо́дные и тёмные.**

这里的夜晚又冷又黑。

2) 短尾形式表示短暂的、在一定条件下呈现的特征，全尾形式表示固有的、经常性的特征，如：

Мла́дшая сестра́ у него́ **больна́я**.

他的妹妹体弱多病。

Мла́дшая сестра́ **больна́**, на́до вы́звать врача́ на́ дом.

妹妹病了，应该叫医生上门来看看。

Извини́те, э́то ме́сто **свобо́дно**?

对不起，这个座位现在空着吗？

В э́то вре́мя на́бережная Вайта́нь о́чень **краси́ва**.

此时的外滩相当漂亮。

3) 当句中谓语带有间接补语时，形容词一般要用短尾形式，如：

Óвощи и фру́кты **поле́зны** для на́шего здоро́вья.

水果和蔬菜对我们的健康有益。

Пеки́н **бли́зок и до́рог** ка́ждому из нас.

北京对我们每一个人来说都很亲切和珍贵。

4) 主语为 э́то, всё, то, что 等时，通常用形容词短尾作谓语，如：

Но ведь э́то **невозмо́жно**.

要知道这是不可能的。

Нет, всё э́то о́чень **интере́сно и ва́жно**.

不，所有这一切都是既有趣又重要的。

Э́то то, что вам **ну́жно**.

这正是你们所需要的。

5) 与 будь (-те) 连用表示祝愿、告诫及日常应酬时要用短尾形式，如：

Бу́дьте добры́, покажи́те мне ва́ше меню́.

劳驾，请把你们的菜单给我看看。

Бу́дьте здоро́вы!

祝您健康！

6) 形容词短尾形式与 так, как 连用，形容词全尾形式与 тако́й, како́й 连用，如：

Како́й прекра́сный вид!

多美丽的景色啊！

Э́то так ско́ро, так неожи́данно!

这么快，这么突然！

II. 直接引语和间接引语 (пряма́я и ко́свенная речь)

作者在叙述中可以通过直接或间接的方式来引用别人的话。

1. 直接引语

直接引语是作者原原本本地转述别人的话。书写时，直接引语通常放在引号《 》内，在转述对话时，也可以不用引号，但要另起一行，直接引语前加破折号 –，如：

Пе́рвым на́чал я: «Приглаша́ю вас к нам в Нанки́н. Вы зна́ете, что Нанки́н называ́ют го́родом шести́ дина́стий, э́то го́род с бога́той исто́рией».

我第一个说："我请你们去南京。你们知道吗，南京被称为六朝古都，是一个有着悠久历史的城市。"

– Де́вушка, покажи́те, пожа́луйста, мне э́тот торт.

"姑娘，请给我看看这个蛋糕。"

– Пожа́луйста.

"好的。"

在书写直接引语时，要注意标点符号的使用：

1) 直接引语最后的句号和逗号应该置于引号之外，问号和感叹号应该置于引号之内，如：

Он спроси́л: «Скажи́те, пожа́луйста, как называ́ется э́то блю́до?»

他问："请问，这道菜是什么？"

Официа́нт сказа́л: «Ваш зака́з бу́дет гото́в че́рез 20–30 мину́т».

服务员说："您的菜将在二三十分钟后准备好。"

Оте́ц сказа́л мне: «Ма́ша, поздравля́ю тебя́ с оконча́нием шко́лы. Жела́ю тебе́ успе́шно поступи́ть в университе́т!»

父亲对我说："玛莎，祝贺你中学毕业，希望你顺利考入大学！"

2) 作者的话在前，引语在后时，作者的话后面用冒号。

3) 引语在前，作者的话在后时，引语后用逗号、问号或感叹号，然后用破折号，作者的话要用倒装语序，如：

«Попро́буем сала́т с кра́бами», – предложи́л Анто́н.

"尝尝螃蟹沙拉吧，"安东建议。

«Что мы бу́дем зака́зывать на пе́рвое?» – спроси́ла ма́ма.

"我们第一道菜点什么呢？"妈妈问。

4) 作者的话在引语中间时，可能有两种情况：如果引语的前一部分仅是句子的一部分，作者的话前后都要用逗号和破折号分开，后半段引语以小写字母开始；如果引语的前一部分是完整的句子，则作者的话前用逗号（问号或感叹号）和破折号，作者的话后用句号和破折号，后半段引语以大写字母开始；作者的话均用倒装语序，如：

«Могу́ та́кже посове́товать запечённую ры́бу с карто́фелем, – доба́вил он, – под майоне́зом».

"建议您点土豆烤鱼，"他补充说道："配上蛋黄酱。"

«Я хочу́ жа́реный карто́фель и ку́рицу, – сказа́ла Ната́ша. – А ты?»

"我想要点炸薯条和鸡肉，"娜塔莎说。"你呢？"

2. 间接引语

间接引语是指作者并不逐字转达别人的原话，而是以自己的口吻转述别人的话。

直接引语通常可以用间接引语来替换，根据不同句式替换方法不同。

1) 直接引语为陈述句，一般用带连接词 что 的说明从句替换，在替换时注意人称代词、物主代词和谓语人称形式的变动，如：

Преподава́тель сказа́л нам: «В три часа́ дня **я бу́ду** на собра́нии». （直接引语）

老师对我们说："我下午三点将参加会议。"

Преподава́тель сказа́л нам, **что** в три часа́ дня **он бу́дет** на собра́нии. （间接引语）

老师对我们说，他下午三点将参加会议。

2) 直接引语为带疑问词的疑问句，则用带关联词（原疑问代词或疑问副词）的说明从句替换，如：

Я спроси́л официа́нтку: «Что вы нам посове́туете взять? Како́е у вас фи́рменное блю́до?»（直接引语）

我问服务员："您建议我们点什么菜？你们的招牌菜是什么？"

Я спроси́л официа́нтку, **что она́** нам посове́тует взять и **како́е** у **них** фи́рменное блю́до.（间接引语）

我问服务员，她建议我们点什么菜，她们的招牌菜是什么。

3) 直接引语为不带疑问词的疑问句，则用带 ли 的说明从句替换，如：

«Десе́рт гото́в?» – спроси́ла жена́.（直接引语）

"甜点准备好了吗？"妻子问道。

Жена́ спроси́ла, гото́в **ли** десе́рт.（间接引语）

妻子问甜点准备好了没。

4) 直接引语为祈使句，则用带连接词 что́бы 的说明从句替换，注意从句中动词的用法，如：

Андре́й сказа́л: «Де́вушка, покажи́те, пожа́луйста, мне э́тот торт».（直接引语）

安德烈说："姑娘，请给我看看这个蛋糕。"

Андре́й сказа́л, **что́бы** де́вушка **показа́ла** ему́ тот торт.（间接引语）

安德烈要姑娘给他看看那个蛋糕。

5) 并不是所有的直接引语都可以用上述方法改成间接引语。有时在替换间接引语的从句中只能一般地表达出它的意思；有时则根本不能替换，如：

«Спаси́бо, до свида́ния», – сказа́л Анто́н.（直接引语）

安东说："谢谢你，再见。"

«До свида́ния», – сказа́ла А́нна.

安娜说："再见了。"

Анто́н поблагодари́л А́нну, и они́ попроща́лись друг с дру́гом.

安东感谢了安娜，他们彼此道别。

练习 ▶ Упражне́ния

1. 写出下列形容词的短尾形式。

全尾形容词	短尾阳性	短尾阴性	短尾中性	短尾复数
живо́й				
ста́рый				
бога́тый				
здоро́вый				
знако́мый				

（续表）

全尾形容词	短尾阳性	短尾阴性	短尾中性	短尾复数
краси́вый				
живо́й				
чи́стый				
могу́чий				
лёгкий				
жа́ркий				
бли́зкий				
тру́дный				
коро́ткий				
сла́дкий				
вку́сный				
прия́тный				
свобо́дный				
необы́чный				
любе́зный				
ую́тный				

2. 用括号内的词替换句中主语，注意谓语也要做出相应的变化。

1) Де́душка здоро́в (кот, ба́бушка, де́вушка, роди́тели).

2) Журна́л интере́сен (расска́з, кни́га, газе́ты, де́ло).

3) Оте́ц рад (мать, дя́дя, това́рищи, друзья́).

4) Пла́тье краси́во (костю́м, пальто́, де́вушка, карти́ны).

5) Этот сто́лик свобо́ден (ко́мната, ме́сто, столы́).

6) Карто́фель вку́сен (помидо́ры, борщ, ры́ба, мя́со).

7) Шашлы́к гото́в (сала́т, свини́на, еда́, пирожки́).

8) Это сло́во знако́мо (текст, статья́, предложе́ние).

3. 选择形容词全尾或短尾形式填空。

1) Лицо́ его́ сейча́с _____ (споко́йное, споко́йно) .

2) Де́ти игра́ют во дворе́. Как они́ _____ (ве́селы, весёлые) .

3) Эта ко́мната о́чень _____ (ую́тная, ую́тна).

4) Этот челове́к мне _____ (знако́мый, знако́м).

5) Ма́льчик _____ (бо́лен, больно́й), он не пришёл на уро́к.

6) Ведь э́то о́чень _____ (стра́шно, стра́шное).

7) Ты така́я _____ (до́брая, добра́), и я не зна́ю, как благодари́ть тебя́.

8) Это зада́ние _____ (тру́дное, тру́дно) для меня́.

（续表）

4. 用形容词全尾或短尾形式翻译下列句子。

1) 劳驾，请把菜单给我。

_____

2) 我需要这本书，而他不需要。

_____

3) 妈妈收到儿子的来信很高兴。

_____

4) 这种药将对你有很大的益处。

_____

5) 他们认识这些外国客人吗？

_____

6) 这道习题对三年级大学生来说太简单了。

_____

7) 这很正常，不要担心。

_____

8) 父亲已经老了，他干活很困难。

_____

_____

5. 在下列有直接引语的句中打上标点符号。

1) Какую сумку вы хотите большую или маленькую спросил продавец

2) Маша скажи какое время года лучше весна лето осень или зима спросили мы

3) Мне мясо не нравится говорит Тан Нин А тебе

4) Сегодня после ужина сказал староста будем убирать аудиторию

5) Хочу спросить тебя тихо спросила мама что ты всё время читаешь

6) Студенты ответили хором Мы согласны с вами

7) Я не возражаю против этого сказал наш преподаватель

8) Сначала хочу поздравить тебя с днём рождения сказал Ма Имин Вот мой подарок Желаю тебе счастья здоровья и успехов в учёбе

6. 将下列直接引语改为间接引语。

1) Тан Нин спросил Ма Имина: «Ты пойдёшь со мной на выставку?»

2) Директор завода сказал рабочим: «Иностранные гости приедут к нам завтра».

3) Маша попросила преподавателя: «Объясните, пожалуйста, эти новые слова ещё раз».

4) «Где вы провели каникулы? – спросил нас преподаватель. – Чем вы занимались?»

5) «Позвони́ мне за́втра в семь часо́в», – попроси́л меня́ наш но́вый ста́роста.

6) Ната́ша спроси́ла: «У тебя́ есть но́вый кита́йско-ру́сский слова́рь?»

7) «Почему́ де́ти лю́бят пра́здник Весны́?» – спроси́л де́душка.

8) Тан На твёрдо сказа́ла: «Я не люблю́ зи́му, потому́ что зимо́й хо́лодно».

7. 读下列对话，将其转换为间接引语，并转述其内容。

– Здра́вствуй, Тан Нин!

– Здра́вствуй, Ма Ими́н! Давно́ тебя́ не ви́дел. Где ты сейча́с?

– Вот неда́вно поступи́л в Институ́т иностра́нных языко́в Фуда́ньского университе́та, на факульте́т ру́сского языка́.

– Поздравля́ю! А где нахо́дится ваш университе́т?

– В це́нтре го́рода. Приезжа́й к нам в го́сти, я тебе́ покажу́ наш университе́т.

– Спаси́бо, обяза́тельно прие́ду.

8. 翻译句子，并将其转换为间接引语。

1) 安东说："今天我起得很晚。"

_____

2) 唐宁说："我第一道菜点红甜菜汤，第二道菜点炸土豆猪排，饮料要黑咖啡。"

_____

3) 奥列格问安娜："你妈妈从南方回来了吗？"

_____

4) "每天早上七点起床，晚上十点半睡觉。"医生建议。

_____

5) "在俄罗斯餐厅，"唐娜说："我们可以享用俄式美食，听俄罗斯歌曲。"

_____

6) 丈夫对妻子说："打电话在喀秋莎餐厅订一桌，今晚我们去那里吃晚饭。"

_____

7) "你喜欢春天吗？"安娜问："想邀请你和我一起去森林采蘑菇（грибы́）。"

_____

УРОК 3

言语礼仪 Речевой этикет

I. 对天气的提问

Кака́я сего́дня пого́да? 今天天气怎么样？

Кака́я сего́дня температу́ра? 今天的温度如何？

Ско́лько гра́дусов сего́дня? 今天多少度？

Кака́я пого́да быва́ет зимо́й в ва́шем го́роде? 你们城市冬天的天气一般是怎样的？

Осень, зима́, весна́, ле́то – како́е вре́мя го́да лу́чше и почему́?
春夏秋冬——哪个季节更好？为什么？

Како́е вре́мя го́да вам нра́вится бо́льше всего́? 你最喜欢哪个季节？

II. 对天气提问的应答

Сего́дня прекра́сная (плоха́я) пого́да, со́лнечно (хо́лодно).
今天天气不错（不好），阳光明媚（寒冷）。

Сего́дня (идёт) дождь (снег). 今天下雨（下雪）。

Сего́дня 5 гра́дусов тепла́ (моро́за). 今天零上（下）五度。

Сего́дня 5 гра́дусов вы́ше (ни́же) нуля́. 今天零上（下）五度。

Сего́дня плюс (ми́нус) 5. 今天零上（下）五度。

Зимо́й быва́ет хо́лодно. 冬天通常很冷。

对话 Диало́ги

1. – Ма́ма, кака́я сего́дня пого́да?

   – Сего́дня хоро́шая пого́да, тепло́, со́лнечно. Дава́й пое́дем за́ город.

2. – Мы за́втра лети́м в Москву́. Кака́я там температу́ра, не зна́ешь?

   – Да, в Москве́ за́втра бу́дет хо́лодно, ми́нус 5, на́до одева́ться потепле́е.

3. – Андре́й, кака́я пого́да быва́ет в Москве́, расскажи́.

   – В Москве́ ле́том быва́ет прохла́дная пого́да, а зимо́й холо́дная. Ле́том обы́чно о́коло 28 гра́дусов. А зимо́й мо́жет быть 25–30 гра́дусов ни́же нуля́. Моро́зно и мно́го сне́га.

   – Вот э́то да! Зимо́й то́чно хо́лодно! В Шанха́е са́мая ни́зкая температу́ра 3–4 гра́дуса моро́за. А я давно́ мечта́ю встре́тить Но́вый год, когда́ за окно́м лежи́т бе́лый снег – как в ска́зке!

– Тогда́ приезжа́й в Росси́ю на зи́мние кани́кулы. Обеща́ю мно́го сне́га!

– Спаси́бо за приглаше́ние, Андре́й.

4. Андре́й на вы́ставке неожи́данно встре́тился со свои́м знако́мым.

– Кого́ я ви́жу! Андре́й?! Ты в Шанха́е? Глаза́м свои́м не ве́рю.

– Вот так встре́ча! Здра́вствуйте, Ива́н Петро́вич! Я то́же не ожида́л уви́деть вас здесь.

– Ты здесь у́чишься? Рабо́таешь?

– Да, я учу́сь в университе́те. А на вы́ставке вре́менно рабо́таю перево́дчиком.

– Молоде́ц! Тебе́ нра́вится в Шанха́е?

– Университе́т отли́чный, го́род интере́сный, то́лько к кли́мату на́до привы́кнуть, осо́бенно зимо́й.

– Привы́кнуть? Но зимо́й здесь тепле́е, чем в Москве́.

– Коне́чно, тепле́е, Шанха́й – ю́жный го́род, и зима́ здесь коро́ткая, но кли́мат холо́дный и вла́жный, а в помеще́ниях не везде́ то́пят.

– Неуже́ли? А как о́сенью?

– В октябре́ и ноябре́ здесь хорошо́: пого́да тёплая, со́лнечная, ма́ло дожде́й ...

– А в Москве́, как ты по́мнишь, о́сенью ча́сто иду́т дожди́.

– Да, всё наоборо́т. Но, как говори́тся, «у приро́ды нет плохо́й пого́ды» ...

– Да, это пра́вда. Челове́к ко всему́ привыка́ет, и к пого́де то́же.

НО́ВЫЕ СЛОВА́

быва́ть (I) [未] 有，常有；到，常到；
  是，常是

везде́ (副) 到处，各处

вла́жный; вла́жнее 潮湿的；湿润的

говори́ться [未] 说出

гра́дус 温度；（酒的）纯度

дождь (阳) 雨

кли́мат 气候

ле́то 夏天

мечта́ть (I) [未] 向往

ми́нус 零下；减号

моро́з 寒冷，严寒；零度以下的天气

моро́зно (副) 寒冷地

на́до (副) 需要，必须，应该

наоборо́т (副) 反过来；相反

неожи́данно (副) 突然地

неуже́ли (语) 真的吗？难道说

ни́зкий; ни́же 低的

ничего́ (副) 不要紧，没关系

ноль 零度；零

ноя́брь (阳) 十一月

обеща́ть (I) [未] // [完] пообеща́ть (кому-
  чему, что) 应许下；可以期望

ожида́ть (I) [未] (кого-что, чего) 等，
  期待

октя́брь (阳) 十月

осо́бенно (副) 尤其是，特别（地）

отли́чный 极好的，出色的

перево́дчик 翻译，译员

плюс 零上；加号

помеще́ние（房屋内的）地方；
室，房间

по́мнить (II) [未] *(кого-что, о ком-чём 或
接补语从句)* 记得；记住

пра́вда 真话，实话；真相

привыка́ть (I) [未]// [完] привы́кнуть,
*-вы́кну, -вы́кнешь, -вы́кнут; -вы́к,
-вы́кла, -вы́кли (к кому-чему, с инф.)*
习惯于

приро́да 野外，大自然

прохла́дный; прохла́днее 清凉的，凉快
的，凉爽的

со́лнечно 有太阳地，天气晴朗地

со́лнечный; 天气晴朗的，有太阳的

температу́ра 温度，气温

тепло́ (副) 暖和；零上气温；暖和地

тёплый; тепле́е 暖和的，温暖的

топи́ть (II) [未] *топлю́, то́пишь, то́пят*
生炉子（或暖气等）取暖，烧暖

то́чный; точне́е 准确的；真实的

练习 **Упражне́ния**

1. 朗读并记住下列词组。

пое́хать за́ город	去郊外
за окно́м	窗外
вре́мя го́да	季节
идёт дождь	下雨
привыка́ть – привы́кнуть к кли́мату	适应气候
как говори́тся	常言道

2. 掌握下列积极词汇的用法。

A. 朗读并翻译右列句子。

мечта́ть (о ком-чём, + инф.)	• А я давно́ мечта́ю встре́тить Но́вый год, когда́ за окно́м лежи́т бе́лый снег – как в ска́зке!
обеща́ть – пообеща́ть (кому, что; + инф.)	• Обеща́ю мно́го сне́га!
ожида́ть (кого-что, + инф.)	• Не ожида́л уви́деть тебя́ здесь.
по́мнить (кого-что; о ком-чём)	• А в Москве́, как ты по́мнишь, о́сенью ча́сто иду́т дожди́.
привыка́ть – привы́кнуть (к кому-чему, + инф.)	• Челове́к ко всему́ привыка́ет, и к пого́де то́же.

Б. 用上述左列词汇的适当形式填空。

1) На́ши де́ти _____ стать космона́втами.

2) Все _____ о счастли́вом бу́дущем.

3) Ната́ша _____ позвони́ть ве́чером.

4) Роди́тели _____ своему́ сы́ну подари́ть на день рожде́ния са́мый лу́чший персона́льный компью́тер.

5) Де́душка хорошо́ _____ тот день, когда́ его́ при́няли в па́ртию.

6) Эта соба́ка _____ доро́гу домо́й.

7) Ива́н _____ ра́но встава́ть.

8) Я э́того ника́к не _____.

3. 选择适当词汇填空。

о́сень   о́сенью   осе́нний

1) _____ прохла́дно. Я люблю́ прохла́дную _____. Когда наступа́ет _____ прохла́да, на дере́вьях ли́стья желте́ют.

зи́мы   зимо́й   зи́мний

2) _____ в э́том году́ хо́лодно. Мне не нра́вятся холо́дные _____. Терпе́ть не могу́ _____ хо́лод.

хо́лод   холо́дный   хо́лодно

3) Весно́й в Росси́и _____. Эта весна́ осо́бенно _____. Како́й _____! Неуже́ли в ма́рте верну́лись зи́мние холода́?

дождь   дождли́вый   дождли́во

4) Весно́й в Шанха́е _____. Я люблю́ _____ весну́. Гуля́ть под весе́нним _____ о́чень романти́чно.

4. 按示例用所给单词回答问题。

Образец – Кака́я сего́дня пого́да?

– *Сего́дня **хоро́шая** пого́да.*

– Кака́я пого́да была́ вчера́?

– *Вчера́ был (шёл) **дождь**.*

– Кака́я пого́да бу́дет за́втра?

– *За́втра бу́дет **тепло́, со́лнечно**.*

Слова́ для спра́вки: жара́   тепло́   до́ждь   снег   хо́лод   моро́з;

                          жа́ркий   тёплый   дождли́вый   сне́жный   холо́дный   моро́зный;

                          жа́рко   тепло́   дождли́во   сне́жно   хо́лодно   моро́зно.

5. 按示例用黑体词两人一组编对话。

> **Образец**   – Кака́я температу́ра была́ вчера́?
>
>   – *Вчера́ бы́ло 2 гра́дуса **ни́же (вы́ше) нуля́.***
>
>   – А за́втра?
>
>   – *За́втра бу́дет **теплее (холоднее),** чем вчера́. Обеща́ли 4 гра́дуса **тепла́ (моро́за).***

6. 将括号中的中文译成俄语。

1) – Пойдём за́втра на прогу́лку в парк?

    – Нет. Ты зна́ешь, (明天会下雨 _____

        _____).

2) – Наконе́ц-то, Ле́на, ты пришла́. Почему́ так до́лго?

    – Ох, я так уста́ла. (街上这么多的雪 _____

        _____).

    И похо́же, (晚上还要再下雪 _____

        _____).

3) – (好冷呀 _____

        _____).

    У меня́ замёрзли ру́ки.

    – (零下 20 度时 _____

        _____), нельзя́ выходи́ть зимой на у́лицу в лёгкой оде́жде.

4) – (秋天时天气怎样 _____

        _____) в ва́шем го́роде?

    – Осенью у нас (天气凉爽 _____

        _____).

5) – Приве́т, На́стя, как провела́ выходны́е?

    – До́брый день, Пе́тя. Хорошо́. Ездила в го́ры ката́ться на лы́жах.

    – Су́пер! Ну, (天气怎样啊 _____)?

    – (零下 15 度 _____).

    Бы́ло хо́лодно, но со́лнечно.

    – (我喜欢寒冷、但晴朗的天气 _____

        _____)。

7. 翻译下列句子。

1) 请跟我来。(за)

_____

2) 我很适应上海的天气。(привы́кнуть)

_____

3) 孩子们期待着春节的到来。(ожида́ть)

_____

4) —— 天气预报说明天下雪。(обеща́ть)

_____

—— 我喜欢下雪天，特别喜欢在雪中散步。

_____

5) 大家还清楚地记得自己的启蒙老师。

_____

8. 看图，根据提示，完成下列对话。

1) – Кака́я пого́да обы́чно быва́ет в ва́шем го́роде весно́й?

– _____

2) – Кака́я зима́ была́ в э́том году́?

– _____

3) – Кака́я пого́да зимо́й была́ в про́шлом году́? Бы́ло тепле́е и́ли холодне́е?

– _____

4) – Нра́вится ли вам шанха́йский кли́мат? Почему́?

– _____

5) – Како́е вре́мя го́да вы лю́бите бо́льше всего́? Почему́?

– _____

6) – Како́е вре́мя го́да вам нра́вится в Шанха́е? А в ва́шем родно́м го́роде?

– _____

中国智慧：金句表达

长江后浪推前浪。

（《习近平谈治国理政》第一卷，第 185 页）

Волна на реке Янцзы набегает одна на другую.

(«Си Цзиньпин о государственном управлении» I, стр. 255)

课文 Текст

Како́е вре́мя го́да вы лю́бите?

Одна́жды ве́чером мы сиде́ли в ко́мнате и разгова́ривали, како́е вре́мя го́да лу́чше?

– Коне́чно, весна́, – сказа́л Ма Ими́н. – Мой любимый ме́сяц – март. В Сиа́не в ма́рте уже́ тепло́: + 22–23, нет дожде́й! Со́лнце я́ркое, снег та́ет, на дере́вьях появля́ются пе́рвые зелёные листо́чки, пти́цы пою́т, де́вушки краси́вые! Не зря поэ́т Ду Фу писа́л: «Тре́тьего ма́рта пого́да свежа́, на на́бережной Чанъа́ня краса́виц мно́го ...[①]»

– Нет, ле́то лу́чше, – возрази́л Чень Янфа́нь. – Ле́том тепло́. Мно́го овоще́й, фру́ктов. Мы но́сим лёгкую оде́жду, купа́емся, загора́ем на пля́же, игра́ем в волейбо́л ...

– В волейбо́л мо́жно кру́глый год игра́ть в спортза́ле, – доба́вил я. – Вот я, наприме́р, как Пу́шкин, бо́льше всего́ люблю́ о́сень. О́сенью приро́да о́чень краси́вая. И Пу́шкин писа́л са́мые краси́вые стихи́ о́сенью. Вы по́мните, каки́е ли́стья в па́рке? Лежа́т, как ковёр, – кра́сные, жёлто-зелёные, золоты́е ...

«А мне нра́вится зима́, – сказа́л Ван Ха́о. – Это отли́чное вре́мя го́да! Да, в Харби́не хо́лодно, но я люблю́ моро́з, люблю́ снег, люблю́ ката́ться на конька́х и на лы́жах. В Харби́не много сне́га и льда, поэ́тому у нас прохо́дит Междунаро́дный фестива́ль льда и сне́га!»

В э́то вре́мя в ко́мнату вошёл наш друг Гу Ха́о, он из Шанха́я. Мы спроси́ли его́, како́е вре́мя го́да в Шанха́е ему́ нра́вится бо́льше всего́? Гу Ха́о сказа́л: «О́сень и весна́ в Шанха́е дли́нные и тёплые, ле́то – жа́ркое, зима́ – коро́ткая, но холо́дная. А е́сли вдруг зимо́й бу́дет снег – э́то о́чень краси́во, про́сто пра́здник! В Шанха́е всегда́ хорошо́! Я люблю́ все времена́ го́да: и весну́, и ле́то, и о́сень, и зи́му!»

А вы? Како́е вре́мя го́да лю́бите вы? Как вы понима́ете ру́сскую посло́вицу: «На вкус и цвет това́рища нет②»?

Коммента́рии:

① 这句诗句译自杜甫的《丽人行》：三月三日天气新，长安水边多丽人。

② На вкус и цвет това́рища нет：众口难调。

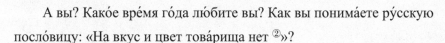

НОВЫЕ СЛОВА

вдруг 突然

дли́нный 长的；（时间）长的

добавля́ть [未] // [完] доба́вить 补充 (说)；增加

жа́ркий；жа́рче 热的，炎热的

жёлтый 黄色的

загора́ть [未] // [完] загоре́ть 晒黑，晒太阳

золото́й 金的，金黄色的

ката́ться (I) [未] (乘车，船，雪橇) 游玩

ковёр 毯子，地毯

конькú 冰鞋；冰刀

коро́ткий 短暂的，时间不长的

краса́вица 美女，美人

кру́глый 完整的，全部的；圆形的

лёгкий 轻便的；容易的

лист 树叶，叶子

листо́чек 小树叶

лы́жи 滑雪板

март 三月

носи́ть, ношу́, но́сишь, но́сят [未]
    (кого́-что) 穿戴；拿，抱

одна́жды 一次，一回，某一次；有一天

пляж 海滨，海滩；海滨浴场

посло́вица 谚语

появля́ться (I) [未] // [完]
    появи́ться 出现；到来

про́сто (语) 简直（是），完全（是）

пти́ца 鸟，禽

спортза́л 体育馆，健身房，训练大厅

стих 诗；诗句

та́ять(I) [未] // [完] раста́ять 融化；融解

фру́кты [复] 水果

я́ркий 晴朗的；耀眼的，明亮的

练习 ▶ **Упражне́ния**

9. 朗读并记住下列词组。

вре́мя го́да	季节
ката́ться на конька́х	溜冰
ката́ться на лы́жах	滑雪
носи́ть лёгкую оде́жду	穿单薄的衣服
загора́ть на пля́же	在海滩上晒太阳
игра́ть в волейбо́л	打排球
кру́глый год	整年，一年四季

10. 朗读下列单词，注意俄语发音规则。

дождь	со́лнце	се́рдце	пра́здник
дождли́вый	спортза́л	приезжа́й	как говори́тся

11. 朗读下列句子，注意连读。

1) Ты привы́к к кли́мату?

2) У нас зимо́й идёт снег.

3) За окно́м лежи́т бе́лый снег.

4) Ле́том тепло́, мно́го овоще́й и фру́ктов.

5) В волейбо́л мо́жно игра́ть в спортза́ле кру́глый год.

6) Мне нра́вится о́сень, когда́ не о́чень жа́рко и не о́чень хо́лодно.

12. 掌握下述积极词汇的用法。

A. 朗读并翻译右列句子。

ката́ться	• Да, в Харби́не хо́лодно, но я люблю́ моро́з, люблю́ снег, люблю́ ката́ться на конька́х и на лы́жах.
носи́ть (кого́-что)	• Мы но́сим лёгкую оде́жду, купа́емся, загора́ем на пля́же, игра́ем в волейбо́л.
появля́ться – появи́ться	• Со́лнце я́ркое, снег та́ет, на дере́вьях появля́ются пе́рвые зелёные листо́чки, пти́цы пою́т, де́вушки краси́вые!

Б. 用上述左列词汇的适当形式填空。

1) Де́ти _____ на ло́дках по реке́.

2) _____ на велосипе́де – э́то моё хо́бби.

3) Зимо́й лю́ди _____ тёплую оде́жду.

4) Они́ всё вре́мя _____ до́чку на рука́х.

5) На ве́чере Ни́на _____ в кра́сном пла́тье.

6) Отку́да у тебя́ _____ така́я иде́я?

13. 读下列句子，并将它们译成汉语，注意动词 **идти́** 的各种意义。

1) Весна́ идёт.

2) Ти́ше! Идёт концёрт!

3) Снег шёл с утра́ до ве́чера.

4) Чёрный костю́м тебе́ о́чень идёт.

5) Часы́ иду́т, дни бегу́т, а вре́мя лети́т!

6) Смотри́, авто́бус идёт! Успе́ем и́ли нет?

7) Ну, как иду́т ва́ши дела́? Всё в поря́дке?

8) Утром мои́ роди́тели иду́т на рабо́ту, а я иду́ в шко́лу.

14. 将括号中的中文译成俄语。

1) Со́лнце я́ркое, на дере́вьях (冒出了第一批绿叶 _____
_____), пти́цы пою́т, де́вушки краси́вые!

2) В университе́те у Тан Ни́на (结交了许多新朋友 _____
_____).

3) Мы (穿单薄的衣服 _____
_____), купа́емся, загора́ем на пля́же,
(打排球 _____).

4) Мой брат ка́ждый день (带着大字典 _____
_____) на уро́к.

5) В волейбо́л мо́жно (全年 _____
_____) игра́ть в спортза́ле.

6) Все го́сти се́ли (圆桌后 _____
_____).

15. 按示例仿写句子。

> образец хоро́шее вре́мя го́да
>
> Одна́жды ве́чером мы сиде́ли в ко́мнате и разгова́ривали, <u>како́е</u> вре́мя го́да <u>лу́чше</u>?
> Мы спроси́ли Тан Нина, како́е вре́мя го́да <u>лу́чше всего́.</u> Он сказа́л, что <u>бо́льше</u>
> <u>всего́ лю́бит</u> о́сень.

Материа́л для спра́вки: хоро́ший фи́льм   краси́вый го́род

         у́ютный тра́нспорт   гла́вная достопримеча́тельность

         интере́сная карти́на   лёгкое зада́ние

16. 朗读下列对话，并用所给材料按示例编对话。

1) – Ната́ша, кака́я пого́да обы́чно быва́ет в Москве́ о́сенью?

 – Тру́дно сказа́ть.

 – Почему́?

 – Осень быва́ет ра́зная: тёплая, прохла́дная и́ли холо́дная, дождли́вая и́ли суха́я. В сентябре́-октябре́ обы́чно о́чень краси́во. Мы называ́ем э́то вре́мя «золота́я о́сень». Ли́стья на дере́вьях жёлтые, жёлто-зелёные, кра́сные, на земле́ лежа́т, как ковёр. А по́здняя о́сень обы́чно холо́дная и дождли́вая. Иногда́ идёт снег.

2) – Како́е вре́мя го́да тебе́ бо́льше нра́вится?

 – Мне нра́вится весна́. Весно́й не о́чень жа́рко и не о́чень хо́лодно. Ещё я люблю́, когда́ идёт дождь. Гуля́ть под дождём о́чень романти́чно. А тебе́ нра́вится весна́?

 – Я люблю́ ле́то. Мне нра́вится проводи́ть вре́мя на приро́де, ходи́ть в похо́ды и́ли про́сто загора́ть на пля́же. Я люблю́, когда́ жа́рко и со́лнечно.

 – А зима́? Тебе́ нра́вится зима́?

 – Я не о́чень люблю́ зи́му. Коне́чно, краси́во, когда́ идёт снег, но я не переношу́ хо́лод.

Слова́ для спра́вок:

весно́й: тепло́, не о́чень жа́рко и не о́чень хо́лодно, снег та́ет, со́лнце я́ркое, листо́чки появля́ются, трава́ зелене́ет, цветы́ цвету́т, пти́цы пою́т, отли́чная пого́да, идёт дождь, гуля́ть под дождём, ...

ле́том: ду́шно, жа́рко, со́лнечно, плюс три́дцать пять и́ли ещё бо́льше, мно́го овоще́й и фру́ктов, носи́ть лёгкую оде́жду, купа́ться в мо́ре, загора́ть на пля́же, (не) переноси́ть жару́, день длинне́е, ночь коро́че, ...

о́сенью: прохла́дно, не жа́рко и не хо́лодно, си́льный ве́тер, я́ркий со́лнечный день, плюс пятна́дцать-семна́дцать гра́дусов, золота́я о́сень, ли́стья на дере́вьях жёлтые, ли́стья на земле́ лежа́т как ковёр, ...

зимо́й: хо́лодно, моро́зно, день коро́ткий, ночь дли́нная, идёт снег, на дома́х и на земле́ везде́ лежи́т бе́лый снег, мно́го пра́здников, носи́ть тёплую оде́жду, ката́ться на конька́х, ката́ться на лы́жах, (не) переноси́ть хо́лод, ...

17. 翻译下列句子。

1) 喜马拉雅山（Гимала́и）一年四季冰雪覆盖。(кру́глый год)

   _____

2) 维克多·伊凡诺维奇每天早上像个孩子似的在院子里做早操。(как)

   _____

3) 今天天气预报说有 28 度，可以穿得少一些。(носи́ть поме́ньше)

   _____

4) 安德烈开始学习中文后，便产生了在网上结交中国朋友的愿望。(появи́ться)

   _____

5) 冬天我最喜欢去山上滑雪，夏天最喜欢在海边晒太阳。(бо́льше всего́ нра́вится)

   _____

18. 根据课文内容回答问题。

1) О чём одна́жды ве́чером разгова́ривали студе́нты?

2) Како́е вре́мя го́да Ван Дун лю́бит бо́льше всего́? Почему́?

3) Кака́я пого́да быва́ет зимо́й в Харби́не?

4) Како́й фестива́ль происхо́дит в Харби́не ка́ждый год?

5) Како́й ме́сяц у Ма Ими́на са́мый люби́мый? Почему́?

6) Зна́ете ли вы стихи́ Ду Фу, кото́рые встреча́ются в те́ксте?

7) Почему́ Чэнь Янфа́нь сказа́л, что ле́то лу́чше, чем весна́?

8) Како́е вре́мя го́да Тан Ни́ну нра́вится бо́льше всего́?

9) Чем краси́ва о́сень, по слова́м Тан Ни́на?

10) Что ду́мает о времена́х го́да Гу Ха́о?

11) Кака́я пого́да быва́ет в Шанха́е о́сенью?

12) Как вы понима́ете ру́сскую посло́вицу: «На вкус и цвет това́рища нет»?

19. 根据提示，请写一篇题为《我最喜爱的季节》的短文。

Образец Расскажи́те о своём люби́мом вре́мени го́да:

• Что происхо́дит в приро́де?

• Чем вы лю́бите занима́ться в э́то вре́мя го́да?

• Как вре́мя го́да влия́ет на ва́ше настрое́ние?

20. 借助词典阅读短文并完成练习。

Погода в Санкт-Петербурге

Вы хоти́те пое́хать в Петербу́рг ... Интере́сно, а кака́я там пого́да?

Пого́да в Петербу́рге капри́зная, она постоя́нно меня́ется из-за Балти́йского мо́ря.

Пого́да ле́том в Петербу́рге мо́жет быть сухо́й и жа́ркой и́ли прохла́дной, ве́треной и дождли́вой. Тёплые ме́сяцы – э́то ию́нь, ию́ль и а́вгуст. Температу́ра во́здуха днём обы́чно вы́ше +20°С.

Зима́ в Петербу́рге мо́жет быть как холо́дной, так и тёплой. Иногда́ идёт си́льный снег. В са́мые тёплые дни мо́жет идти́ дождь. Сре́дняя температу́ра во́здуха зимо́й от 0°С до – 10°С.

Осенью и весно́й температу́ра во́здуха приме́рно одина́кова. В э́то вре́мя го́да быва́ет и тепло́, а быва́ет и хо́лодно.

С конца́ ма́я до середи́ны ию́ля в го́род прихо́дят «бе́лые но́чи». В э́то вре́мя мо́жно гуля́ть по Петербу́ргу всю ночь до утра́.

Петербу́ржцы гордя́тся капри́зной пого́дой. Они́ лю́бят свой «го́род дожде́й», лю́бят дождь и в любо́е вре́мя го́да но́сят зо́нтики.

1) 按课文内容完成下列句子。

А. Пого́да ле́том в Петербу́рге мо́жет быть _____ и́ли _____. Температу́ра во́здуха днём обы́чно _____.

Б. Зима́ в Петербу́рге мо́жет быть как _____, так и _____. Иногда́ _____, иногда́ мо́жет _____. Сре́дняя температу́ра во́здуха зимо́й _____.

В. Осенью и весно́й температу́ра во́здуха приме́рно одина́кова. В э́то вре́мя го́да быва́ет _____, а быва́ет и _____.

2) Найди́те в интерне́те и прочита́йте прогно́з пого́ды в Петербу́рге на сего́дня. Испо́льзуйте: https://www.gismeteo.ru/

3) Соста́вьте и прочита́йте свой со́бственный прогно́з на за́втра.

4) 回答问题。

А. Кака́я пого́да обы́чно быва́ет в ва́шем родно́м го́роде весно́й, ле́том, о́сенью и зимо́й?

Б. Когда́ в ва́шем родно́м го́роде начина́ется зима? А ле́то?

语法 **Грамма́тика**

I. 性质形容词和关系形容词 (ка́чественные и относи́тельные прилага́тельные)

性质形容词表示事物的特征，如：но́вый стол（新的桌子），высо́кое зда́ние（高楼）。

性质形容词所表示的特征一般有程度上的差别。可与 óчень, весьма́, дово́льно, чрезвыча́йно 等程度副词连用。可构成短尾形式和形容词比较级和最高级形式。属于这一类的形容词有：краси́вый, хоро́ший, плохо́й, до́брый, интере́сный, све́тлый, счастли́вый, высо́кий, большо́й 等。

关系形容词表示事物间的各种关系，如 шанха́йская пого́да（上海的天气），весе́нние цветы́（春天的花朵）。关系形容词所表示的特征不可能有程度上的差别。属于这一类的形容词有：шко́льный, городско́й, госуда́рственный, кита́йский, ру́сский, дома́шний 等。

II. 形容词的比较级和最高级 (сравни́тельная и превосхо́дная сте́пень прилага́тельных)

事物在特征程度上的差异，语法上可用性质形容词的比较级和最高级来表示。形容词比较级有两种形式：复合式和单一式。

1. 形容词比较级的构成

   单一式比较级在修辞上是中立的，复合式比较级具有书面语体的修辞特点。

   1) 形容词复合式比较级的构成：在形容词前加 бо́лее（比较，更）或 ме́нее（不太），

      如：бо́лее но́вый（比较新的，更新的），ме́нее интере́сный（不太有趣的）。

      性质形容词一般都能构成复合式比较级，除少数词，如：большо́й, ма́ленький 等。

   2) 形容词单一式比较级的构成：

      单一式形容词比较级由形容词词干加后缀 -ee（或 -ей，用变体后缀 -ей 构成的比较级形式主要用于口语及诗歌中），-e 和 -ше 构成，如：

      си́льный – сильн-е́е, краси́вый – краси́в-ее,

      твёрдый – твёрж-е, молодо́й – моло́ж-е,

      ре́дкий – ре́ж-е, далёкий – да́ль-ше, то́нкий – то́нь-ше 等。

      词干为 г, к, х, д, т, с, ст 结尾的形容词，要发生音的交替，然后加 -e。音的交替规则为：

$$\text{т, к – ч} \qquad \text{г, д, з – ж} \qquad \text{х, с – ш} \qquad \text{ст – щ}$$

      如：лёгкий – ле́гче   ти́хий – ти́ше   чи́стый – чи́ще   молодо́й – моло́же

      注：А) 有些形容词的单一式比较级比较特殊，如：

      высо́кий – вы́ше   большо́й – бо́льше   до́лгий – до́льше   ма́ленький – ме́ньше

      ста́рый – ста́рше   хоро́ший – лу́чше   плохо́й – ху́же

      (ме́нее 是 ма́ло 的比较级，бо́лее 是 мно́го 的比较级)

      Б) 个别形容词不使用单一式比较级形式：如 вели́кий（伟大的），отста́лый（落后的）

3) 单一式比较级可加上前缀 -по 表示稍强的性质（"稍微""一点""一些"的意思），通常用作定语。如：

интере́снее – поинтере́снее　　　ти́ше – поти́ше

У нас есть дела́ поважне́е. 我们有更重要一些的事情。

2. 形容词最高级的构成

复合式最高级在修辞上是中立的，单一式最高级具有书面语体的特点。

1) 形容词复合式最高级的构成：在形容词前加 са́мый（最），如：са́мый хоро́ший, са́мый холо́дный, са́мый краси́вый。性质形容词一般都能构成复合式最高级。如：

Я ду́маю, это са́мое романти́чное вре́мя го́да.

我认为，这是一年里最浪漫的时节。

Толсто́й – мой са́мый люби́мый писа́тель.

托尔斯泰是我最喜欢的作家。

2) 形容词单一式最高级的构成：在形容词词干后加 -ейший（如：нове́йший, краси́вейший, чисте́йший），或加 -айший，此时发生 г – ж, к – ч, х – ш 的音变（如：высо́кий – высоча́йший, стро́гий – строжа́йший, ти́хий – тиша́йший）。个别形容词使用后缀 -ш 构成最高级，如：высо́кий – вы́сший, ни́зкий – ни́зший。

注：А) 有些形容词单一式最高级形式比较特殊，借助异根法构成最高级，必须一一记住，如：хоро́ший – лу́чший, плохо́й – ху́дший。

Б) 某些形容词不构成单一式最高级，如：молодо́й, родно́й, до́лгий

III. 形容词的比较级和最高级的用法

形容词比较级的用法：

1) 形容词复合式比较级与被说明词在性、数、格上要保持一致，但 бо́лее 不变，在句中通常作一致定语或谓语。

Да́йте мне, пожа́луйста, другу́ю, бо́лее интере́сную кни́гу.（一致定语）

请另给我一本比较有趣的书。

Этот журна́л интере́сный, а тот журна́л бо́лее интере́сный.（谓语）

这本杂志挺有趣的，可那本更有趣。

2) 形容词单一式比较级没有性、数、格的变化，在句中通常作谓语。带前缀 по- 的单一式比较级可作定语，置于被说明词之后，如：

Ваш го́род краси́вый, а наш ещё краси́вее.（谓语）

你的城市很漂亮，可我们的更美。

Да́йте зада́чи поле́гче.（非一致定语）

请布置稍微容易些的练习吧。

注：A) 在单一式比较级的句中，同主语相比较的对象，可以有两种表示方法：

    a. 在比较级后用第二格，如：

        Эта ко́мната чи́ще той (ко́мнаты).

        这个房间比那个房间干净。

        Ру́сский язы́к трудне́е англи́йского.

        俄语比英语难。

    б. 在比较级后用带连接词 чем 加第一格一起构成的比较短语，书写时，比较短语前要用逗号，如：

        Эта ко́мната чи́ще, чем та (ко́мната).

        这个房间比那个房间干净。

        Ру́сский язы́к трудне́е, чем англи́йский язы́к.

        俄语比英语难。

Б) 如果不是同主语比较，则只能用带连接词 чем 的比较短语：

    Зима́ в Росси́и холодне́е, чем в Кита́е.

    俄罗斯的冬天比中国冷。

    Сего́дня пого́да лу́чше, чем вчера́.

    今天天气比昨天好。

    Сейча́с де́рево вы́ше, чем бы́ло год наза́д.

    现在的树比一年前高了。

В) 在复合式的比较级的句中，不能直接用第二格表示比较的对象。

    Этот вопро́с бо́лее сло́жный, чем тот (вопро́с).

    这个问题比那个问题复杂些。

IV. 副词的比较级和最高级 (сравни́тельная и превосхо́дная сте́пень наре́чий)

1. 副词比较级的构成

    由性质形容词构成的以 -о 结尾的副词有比较级，其形式与形容词比较级相同，如：

    светло́ – светле́е (-ей), тру́дно – трудне́е (-ей), то́чно – точне́е (-ей)

    хорошо́ – лу́чше, пло́хо – ху́же, чи́сто – чи́ще, далеко́ – да́льше

    мно́го – бо́льше (бо́лее), ма́ло – ме́ньше (ме́нее)

    副词比较级也可以加前缀 по- 表示"稍微""一点"。如：

    хо́лодно – похолодне́е, ско́ро – поскоре́е, бли́зко – побли́же

2. 副词比较级的用法

    副词比较级一般说明动词，在句中作状语。被比较的事物也可以通过带连接词 чем 的比较短语或直接用第二格形式表示。但被比较的内容是由副词、带前置词的旁格或其他词类表示时，只能用带连接词 чем 的比较短语，如：

Да, в Москве́ за́втра бу́дет 5 гра́дусов моро́за, на́до одева́ться потепле́е.

是的，今天莫斯科零下五度，要穿暖和点。

На ве́чере Ко́ля спел лу́чше, чем Анна.

晚会上科里亚唱歌比安娜好听。

Ката́ться на конька́х веселе́е, чем на лы́жах.

滑冰比滑雪更有趣。

В э́той ко́мнате чи́ще, чем в той (ко́мнате).

这个房间比那个房间干净。

注：副词的比较级在使用 чем 的比较短语时，相互比较的两项，应该处于同格。如：

Я помога́ю бра́ту ча́ще, чем сестра́.

我比姐姐更常帮助弟弟。（我和姐姐比较）

Я помога́ю бра́ту ча́ще, чем сестре́.

我帮助弟弟比帮助姐姐的时候多。（弟弟和姐姐比较）

3. 副词的最高级

副词的最高级有两种表达方式：

1) наибо́лее + 副词，表示程度最高，意思是"最……"。наиме́нее + 副词，表示程度最低，意思是"最不……"如：

Ма́ша расска́зывала наибо́лее интере́сно.

玛莎讲得最有意思。

2) 副词的最高级还可以由副词的比较级加上 всего́（与一切现象、事物相比）或 всех（与同类的人或事物相比）构成，如：

А я, как Пу́шкин, бо́льше всего́ люблю́ о́сень.

我就像普希金一样，最喜欢秋天。

Анна говори́т по-ру́сски лу́чше всех в на́шей гру́ппе.

我们班安娜的俄语说得最好。

练习 ▶ Упражне́ния

1. 将下列形容词按性质形容词和关系形容词分类。

высо́кий	шанха́йский	ча́стый	пеки́нский	хоро́ший
университе́тский	романти́чный	тёплый	кита́йский	холо́дный
моско́вский	зи́мний	си́льный	по́льский	восто́чной

性质形容词：_____

关系形容词：_____

2. 翻译下列词组，并判断其中的形容词哪些是性质形容词，哪些是关系形容词。

俄罗斯的冬天   春天的花朵

美味的鱼   英文

年轻的女教师   阳光明媚的日子

幸福的生活   温暖的家庭

有趣的文章   重要的科目

3. 将下列形容词构成单一式比较级的形式，并标注重音。

интере́сный	тру́дный	до́брый	но́вый	свежий	ну́жный
све́тлый	сло́жный	поле́зный	краси́вый	холо́дный	бы́стрый
бли́зкий	бога́тый	гро́мкий	далёкий	дешёвый	дорого́й
лёгкий	молодо́й	по́здний	просто́й	ста́рый	ре́дкий
ти́хий	чи́стый	ни́зкий			

4. 将下列形容词构成单一式最高级和复合式最高级的形式，并标注重音。

	单一式最高级	复合式最高级
счастли́вый		
поле́зный		
интере́сный		
до́брый		
свежий		
чи́стый		
све́тлый		
лёгкий		
ти́хий		
молодо́й		
высо́кий		
до́лгий		
ста́рый		
плохо́й		
большо́й		
ма́ленький		
хоро́ший		
сло́жный		
холо́дный		
ну́жный		

5. 将括号内的形容词构成单一式比较级。

1) Ста́рый друг (хоро́ший) но́вых двух.

2) Фру́кты и о́вощи (вку́сный), чем мя́со и ры́ба.

3) Река́ здесь (широ́кий), чем в други́х места́х.

4) Пе́рвый уро́к был (лёгкий) второ́го.

5) Сле́дующее упражне́ние бу́дет (сло́жный).

6) Для но́вых рабо́чих э́та рабо́та (тру́дный).

7) Но́вый лингафо́нный кабине́т (совреме́нный), чем ста́рый.

8) Во́здух в дере́вне (чи́стый), чем в го́роде.

6. 将下列句中带连接词 **чем** 的句子换成不带连接词 **чем** 的句子，如果不能替换，请说明理由。

1) Сего́дня холодне́е, чем вчера́.

2) Ма́ша моло́же, чем Воло́дя.

3) В апре́ле дождли́вее, чем в а́вгусте.

4) Эти зада́чи сложне́е, чем те.

5) Во́здух в лесу́ чи́ще, чем в го́роде.

6) Мы ду́маем: игра́ в футбо́л интере́снее, чем игра́ в баскетбо́л.

7) Река́ Янцзы́ длинне́е, чем река́ Хуанхэ́.

8) Зда́ние университе́тской библиоте́ки вы́ше, чем наш уче́бный ко́рпус.

7. 将括号内的形容词构成单一式最高级。

1) Янва́рь – _____ ме́сяц в году́. (холо́дный)

2) Пеки́нский университе́т – _____ университе́т в на́шей стране́. (ста́рый)

3) Ру́сский язы́к – оди́н из _____ языко́в ми́ра. (тру́дный)

4) Воло́дя – _____ ма́льчик в на́шей гру́ппе. (высо́кий)

5) Ле́тние кани́кулы – _____ кани́кулы в году́. (дли́нный)

6) Этот день был _____ в мое́й жи́зни. (счастли́вый)

7) Они́ любу́ются _____ зда́ниями Пеки́на. (краси́вый)

8) Для ма́ленького Алёши ба́бушка была́ _____ в ми́ре челове́к. (до́брый)

8. 将括号内的副词变成比较级。

1) Звони́те роди́телям _____, они́ скуча́ют о вас. (ча́сто)

2) На у́лице хо́лодно, оде́ньтесь _____. (тепло́)

3) Сего́дня ве́тер ду́ет _____, чем вчера́. (си́льно)

4) Смотре́ть телеви́зор _____, чем чита́ть кни́гу. (интере́сно)

5) В э́той аудито́рии _____, чем в лингафо́нном кабине́те. (чи́сто)

6) Ива́н объясня́ет текст _____, чем Анна. (хорошо́)

7) Ма́ма гото́вит _____отца́. (вку́сно)

8) Воло́дя зна́ет грамма́тику _____меня́. (хорошо́)

9. 将下列句子翻译成俄语。

1) 我所有的朋友中安东游泳游得最快。

   _____

2) 今天爸爸回家最早。

   _____

3) 请你晚些时候再来，学生们正在考试。

   _____

4) 我最喜欢春天，因为春天阳光明媚。

   _____

5) 在我家妈妈起得最早。

   _____

6) 奶奶讲故事比爷爷讲得有趣多了。

   _____

7) 你认为哪种交通工具（вид тра́нспо́рта）最便捷？火车，飞机还是汽车？

   _____

8) 休息日人们更常去哪里？

   _____

УРОК 4

言语礼仪 **Речевóй этикéт**

I. 医生问诊

Что с вáми? 您怎么啦？

Что у вас болúт? 您哪儿疼？

Как вы себя чýвствуете? 您感觉如何？

Вот рецéпт (на лекáрство). 这是药方。

Принимáть три рáза в день. 一日服三次。

Поправляйтесь. 快快康复。

II. 病人就医

Я бóлен (больнá). Я заболéл (-ла). 我病了。

У меня болúт головá (гóрло, зуб). 我头（喉咙，牙齿）疼。

Мне плóхо. У меня температýра. 我不舒服，我发烧了。

Вызовите врачá нá дом. 叫医生上门（出诊）吧。

Мне стáло лýчше (хýже). 我状态好一点了（更差了）。

对话 **Диалóги**

1. – Аллó, это поликлúника? Мóжно вызвать врачá нá дом?

   – Что с вáми?

   – Высóкая температýра, болúт гóрло, трýдно дышáть.

   – Ваш áдрес, пожáлуйста!

   – Улица Новúкова, дом 5, квартúра 40.

   – Врач бýдет (= придёт) пóсле обéда.

   – Большóе спасúбо!

2. – Как вы себя чýвствуете?

   – Спасúбо, мне стáло лýчше.

3. – Здрáвствуйте, дóктор!

   – Здрáвствуйте! Садúтесь! Что с вáми? Что у вас болúт?

   – Я, навéрное, простудúлся. Вчерá вéчером у меня заболéло гóрло, а сейчáс у меня болúт головá, сúльный нáсморк и кáшель.

   – А какáя у вас температýра?

   – 38.6 (трúдцать вóсемь и шесть).

   – Температýра высóкая. Давáйте я вас послýшаю. Покажúте гóрло. Гóрло крáсное. У вас ангúна. Сейчáс я выпишу рецéпт. Вы должны принимáть это лекáрство три рáза в день.

Не выходи́те на у́лицу, лежи́те в посте́ли.

– Спаси́бо, до́ктор, до свида́ния.

– До свида́ния, поправля́йтесь!

4. – Ван Ли, извини́, за́втра не смогу́ с тобо́й в кино́. Я заболе́л.

– Очень жаль. Что с тобо́й? Как ты себя́ чу́вствуешь?

– Была́ плоха́я пого́да, и я простуди́лся. Коне́чно, я уже́ был у врача́, при́нял лека́рство, и тепе́рь ста́ло лу́чше.

– Что сказа́л врач?

– Мне ну́жно лежа́ть в посте́ли.

– Поня́тно. По́сле заня́тий я тебя́ навещу́.

НОВЫЕ СЛОВА

а́дрес; -а; -а́ 地址，通讯录

анги́на 扁桃腺炎，咽峡炎

боле́ть (II) [未] 疼痛

больно́й (形容词作名词) 病人

    (形) *он бо́лен (она́ больна́)* 有病的

вызыва́ть (I) [未] *(кого-что)* // [完]

    вы́звать (I) 叫出来，请出来

выпи́сывать (I) [未] *(кого-что)* // [完]

    вы́писать (I) 开（票，据等）

го́рло 咽喉，嗓子

до́ктор ; -а; -а́ 医生

дыша́ть (II) [未] *(чем)* 呼吸

заболева́ть (I) [未] *(чем)* // [完] заболе́ть

    (I) 得病，生病；疼起来

ка́шель (阳) 咳嗽

лека́рство 药

наве́рное (插) 大概，想必

навеща́ть (I) [未] *(кого-что)* // [完]

    навести́ть (II) *-щу́, -ти́шь, -тя́т*

    看望；访问

на́сморк 鼻炎；伤风

поликли́ника 门诊部

поня́тно (副) 明白；清楚

поправля́ться (I) [未] // [完] попра́виться

    (II) 身体康复

посте́ль 床铺

простужа́ться (I) [未] // [完] простуди́ться

    (II) 受凉；感冒

реце́пт 药方，处方

си́льный 强的，猛烈的

练习 ▸ **Упражне́ния**

1. 记住下列词组。

реце́пт на лека́рство	药方
вы́звать врача́ на́ дом	请医生出诊
лежа́ть в посте́ли	卧床
принима́ть лека́рство	服药

три ра́за в день	一天三次
Я бо́лен (больна́).	我在生病。
Я заболе́л (-ла).	我病了。
У меня́ боли́т голова́ (го́рло, зуб).	我头（喉咙，牙）痛。
У меня́ температу́ра.	我发烧了。
Мне пло́хо (хо́лодно, жа́рко).	我觉得不舒服（冷，热）。
Мне ста́ло лу́чше.	我好些了。
Что с ва́ми?	您怎么啦？
Что у вас боли́т?	您哪儿疼？
Как вы себя́ чу́вствуете?	您觉得（身体）怎么样？

2. 掌握下述词汇的用法。

А. 朗读并翻译右列句子。

боле́ть	• Что у вас боли́т?
вызыва́ть – вы́звать (кого-что)	• Вы́зовите, пожа́луйста, врача́ на́ дом.
выпи́сывать – вы́писать (кого-что)	• Сейча́с я вы́пишу реце́пт.
заболева́ть – заболе́ть (чем)	• Вчера́ ве́чером у меня́ заболе́ло го́рло, а сейча́с у меня́ боли́т голова́, си́льный на́сморк и ка́шель.
навеща́ть – навести́ть (кого-что)	• По́сле заня́тий я тебя́ навещу́.
поправля́ться – попра́виться	• До свида́ния, поправля́йтесь!
простужа́ться – простуди́ться	• Я, наве́рное, простуди́лся.

Б. 用上述左列词汇的适当形式填空。

1) Сего́дня на уро́ке по англи́йскому языку́ учи́тель два ра́за _____ Ни́ну к доске́.

2) – Где Ле́на? – Её _____ на у́лицу.

3) Вид, за́пах и да́же мы́сли о еде́, кото́рая нам нра́вится, вызыва́ют аппети́т.

4) _____, пожа́луйста, чек (发票).

5) Библиоте́ка _____ газе́ты, журна́лы и кни́ги.

6) По суббо́там мы обы́чно _____ ба́бушку и де́душку.

7) По́сле тяжёлой боле́зни дя́дя Ван _____.

8) Воло́дя _____ и верну́лся в шко́лу.

9) Когда́ лю́ди _____, ну́жно принима́ть лека́рство.

10) Е́сли не хо́чешь _____, одева́йся тепле́е.

В. 词义辨析。

больно́й – бо́лен (больна́)   беле́ть   заболе́ть – заблева́ть

1) Соба́ка, мо́жет быть, _____, он ничего́ не е́ла сего́дня, да́же мя́со.

2) – Тан Нин, почему́ ты не пришёл на заня́тия сего́дня?

– Я _____, у меня́ была́ температу́ра.

3) – Как ты _____? Что случи́лось?

– Вчера́ легко́ оде́лся, а пого́да была́ плоха́я – вот и простуди́лся.

4) Врач осмотре́л (检查) _____ и вы́писал ему́ лека́рство.

5) _____ Ната́ша лежа́ла в больни́це уже́ неде́лю.

6) У Ната́ши сла́бое (弱) здоро́вье, ей легко́ мо́жет _____.

7) Я слы́шал, что ты был серьёзно _____. Как ты сейча́с себя́ чу́вствуешь?

8) – До́ктор, у меня́ зуб _____.

– А когда́ зуб _____?

– Вчера́ ве́чером.

– Сейча́с посмотрю́. Да, зуб у вас _____. Бу́дем лечи́ть (医治).

3. 朗读对话，翻译括号内的句子。

1) – Анто́н, (你怎么了 _____)?

– У меня́ си́льно (胳膊疼 _____)

от игры́ в те́ннис.

– (去看医生 _____).

Попроси́ лека́рство от бо́ли.

2) – Ты како́й-то бле́дный (苍白). (不舒服吗 _____)?

– Да так. (我难受 _____)

всю ночь, почти́ не спал.

– А что случи́лось?

– Мы вчера́ ве́чером бы́ли в рестора́не, и я, наве́рное, съел то, что не подхо́дит моему́

органи́зму (体质).

– В тако́м слу́чае (需要请医生来家看看 _____).

3) – Что вас беспоко́ит?

– У меня́ уже́

(喉咙痛了几天了 _____).

– Откро́йте рот,

(我来给你瞧一瞧 _____).

Скажи́те А ..., О, како́е кра́сное го́рло!

– Что у меня́, до́ктор?

– Не беспоко́йся, у вас анги́на. (我给你开药 _____),

(但你也需要卧床几天 _____).

– Хорошо́, до́ктор, спаси́бо.

73

4) – До́ктор, (我病了 _____).

(头痛 _____),

ка́жется, ещё температу́ра.

– Вы простуди́лись! (这是药方 _____)!

(一天服用三次 _____)!

– Спаси́бо.

– Всё бу́дет в поря́дке!

5) – Алло́, Ники́та! Приве́т!

– До́брый ве́чер, Да́ша!

– Ники́та, что ты де́лаешь?

– Я де́лаю уро́ки.

– Поня́тно! Ты же зна́ешь, что

(我们的历史老师病了 _____).

– Да. Я зна́ю.

– (需要去探视她一下 _____).

Она́ в больни́це.

– Да! Дава́й ей цветы́ подари́ть. Вот она́ обра́дуется!

– Отли́чная иде́я!

(我同意你的意见 _____).

– Ла́дно! Ве́чером созвони́мся (联系).

– Ага́! До ве́чера!

4. 按示例找出下列语句的反义语句。

Образец　Он здоро́в. / Он бо́лен.

1) Я хорошо́ себя́ чу́вствую.

2) У него́ норма́льная температу́ра.

3) Ему́ ста́ло лу́чше.

4) У тебя́ хоро́ший аппети́т.

5) Ты попра́вился.

6) У меня́ голова́ не боли́т.

5. 补完对话。

A. 1) – Что у вас боли́т?

　　– _____

2) – Как вы себя́ чу́вствуете?

　　– _____

3) – Кака́я у вас температу́ра?

– _____

4) – А на́сморк есть?

– _____

5) – Как вы спа́ли?

– _____

Б. 1) – До́ктор, у меня́ о́чень боли́т зуб. Помоги́те мне.

– _____

2) – Я пло́хо себя́ чу́вствую, нет аппети́та.

– _____

3) – Мне хо́лодно, я простуди́лся.

– _____

4) – Кака́я у меня́ температу́ра?

– _____

5) – Ну́жно ли мне лежа́ть в больни́це?

– _____

6) – До́ктор, у меня́ анги́на?

– _____

6. 将下列句子翻译成俄语。

1) 如果病人希望早日康复，就需要多卧床休息。

_____

2) 这个药是饭前服用还是饭后服用？

_____

3) 安东感冒了，所以他今天没来上学。

_____

4) 我听说你病了，所以过来看望你。

_____

5) 我们的英语课一周两次，都是在下午。

_____

6) 医生给病人开了止痛药。

_____

7. 根据所给情节，利用所给词或词组两人一组编对话。

1) На уро́ке вы почу́вствовали себя́ пло́хо. Вы хоти́те пойти́ в больни́цу. Объясни́те э́то преподава́телю.

заболе́ть   пло́хо себя́ чу́вствовать   сходи́ть к врачу́

2) Вади́м у врача́. Он программи́ст (程序员), день и ночь рабо́тает на компью́тере, Вади́м объясня́ет врачу́, что у него́ постоя́нно боли́т спина́ (背), а глаза́ и кра́сные.

Я здоро́в – у меня́ нет температу́ры   Но почему́-то боли́т спина́

и беспоко́ят кра́сные глаза́   Мно́го сиде́ть за компью́тером.

中国智慧：金句表达

青年兴则国家兴，青年强则国家强。

（《习近平谈治国理政》第三卷，第54页）

Если молодежь растет и развивается, то и государство будет процветающим, если молодежь преисполнена силой, то и государство станет могучим.

(«Си Цзиньпин о государственном управлении» III, стр. 94)

Тан Нин заболе́л ...

Два дня наза́д пого́да вдруг испо́ртилась. Когда́ я шёл в общежи́тие, был си́льный дождь и дул холо́дный ве́тер. Я был оде́т не по пого́де, поэ́тому промо́к и си́льно замёрз. И вот результа́т: ве́чером у меня́ заболе́ло го́рло, появи́лся на́сморк и подняла́сь температу́ра. Я пил имби́рный чай, но ничего́ не помога́ло. У́тром мне пришло́сь идти́ к врачу́ в студе́нческую поликли́нику.

Я рассказа́л врачу́, как заболе́л. Он послу́шал мой

лёгкие, посмотре́л го́рло и сказа́л: «Вы простуди́лись! Вам ну́жно лежа́ть в посте́ли, принима́ть лека́рство, полоска́ть го́рло и ка́пать ка́пли в нос. Вот реце́пт в апте́ку».

Я взял лека́рства в апте́ке и пошёл домо́й. Настрое́ние бы́ло плохо́е. Как не во́время я заболе́л! За́втра день рожде́ния Ван Ли: я хоте́л подари́ть ей пода́рок и пойти́ с ней в кино́. Очень оби́дно!

Ве́чером мне позвони́ла Ван Ли, и я рассказа́л ей о свое́й боле́зни. Она́ напо́мнила мне изве́стную кита́йскую посло́вицу: «Одева́ться ра́нней весно́й тепло́, а ра́нней о́сенью – легко́». Други́ми слова́ми, что́бы име́ть здоро́вье, необходи́мо забо́титься о себе́ и вести́ пра́вильный о́браз жи́зни. Ван Ли посове́товала мне выпива́ть ка́ждый день три ли́тра воды́ и, коне́чно, соблюда́ть посте́льный режи́м. Кста́ти, лежа́ть в посте́ли мне о́чень не нра́вится!

Я вспо́мнил свою́ ба́бушку, кото́рая мно́го уха́живала за мной в де́тстве. Она́ то́же ча́сто говори́ла: «Одева́йся ра́нней весно́й тепло́, а ра́нней о́сенью – легко́». Мое́й ба́бушке 72 го́да. Она́ о́чень акти́вная. По утра́м занима́ется тай-цзи, днём хо́дит в университе́т для пожилы́х люде́й на рисова́ние, лю́бит игра́ть в Маджо́нг, по вечера́м танцу́ет с сосе́дями. Я всегда́ удивля́лся, как мно́го она́ успева́ет сде́лать за день! А боле́зни про́сто обхо́дят её стороно́й!

Деви́з мое́й ба́бушки: «Движе́ние – э́то жизнь!» Я лежа́л и ду́мал о здоро́вом о́бразе жи́зни. Что э́то тако́е? Здоро́вый сон, здоро́вая еда́, постоя́нное движе́ние. Я ложу́сь спать по́здно, потому́ что люблю́ «висе́ть» в интерне́те, писа́ть друзья́м и́ли выставля́ть но́вые фотогра́фии в моме́нты в Wechat. Иногда́ мне интере́сно игра́ть в футбо́л и баскетбо́л. У меня́ то́же есть свой деви́з: «Де́лай то, что тебе́ интере́сно!»

На друго́й день моё настрое́ние улучши́лось. А че́рез 3 дня я попра́вился.

Вот тепе́рь мо́жно с Ван Ли пойти́ в кино́ в любо́е вре́мя, когда́ захочу́!

НОВЫЕ СЛОВА

акти́вный 积极的，主动的

апте́ка 药房

баскетбо́л 篮球

боле́знь [阴] 疾病

вдруг [副] 突然

вести́ (I) [未], *веду́, ведёшь, веду́т; вёл, вела́, вели́ (кого-что)* 带领；从事

ве́тер 风

во́время [副] 按时，及时

выпива́ть (I) [未] // [完] вы́пить (I) *(что)* 喝完；喝酒

выставля́ть (I) [未] // [完] вы́ставить (II) *(что)* 陈列出；推荐

движе́ние 运动；动作

деви́з 座右铭

дуть (I) [未] *ду́ю, ду́ешь, ду́ют (на что)* 吹风

замерза́ть (I) [未] // [完] замёрзнуть, *-ну, -нешь, -нут; замёрз, -рзла, -рзли* 冻死，冻僵；结冰

здоро́вый 健康的

имби́рный 姜的

по́ртиться [未] // [完] испо́ртиться (II)
-тится, -тятся 变坏

ка́пать (I) [未] // [完] ка́пнуть, -ну, -нешь,
-нут 把……滴入

ка́пля 滴，点

лёгкие 肺

легко́ [副] 轻巧地

литр 公升

ложи́ться (II) [未] -жу́сь, -жи́шься,
-жа́тся// [完] лечь, ля́гу, ля́жешь,
ля́гут; лёг, легла́, легли́; ляг
躺下，卧倒

маджо́нг 麻将

моме́нты 刹那，瞬间

наза́д [副] 向后，往后

напомина́ть (I) [未] (что, кому; о ком-
чём) // [完] напо́мнить (II) 使记起，
使想起

настрое́ние 情绪；心情

необходи́мо [副]（无人称，用作谓）需
要，必须

оби́дно [副]（无人称，用作谓语）感到
委屈；觉得难堪

обходи́ть (II) [未] // [完] обойти́ (I)
(кого-что 或无补) 绕过，走遍

оде́тый 穿着衣服的

поднима́ться (I) [未] // [完] подня́ться
(II) -ниму́сь, -ни́мешься, -ни́мутся
上升，上涨

пожило́й 上了年纪的

звони́ть (II) [未] (кому) // [完] позвони́ть
(II) 打电话

поликли́ника 门诊部

полоска́ть (I) -лощу́, -ло́щешь, -ло́щут
[未] // [完] отполоска́ть (что) 含漱

посте́льный 床铺的

постоя́нный 经常的，不断的

пра́вильный 正确的；有规律的

приходи́ться [未] -дится, -ди́лось // [完]
прийти́сь (I) (кому) придётся;
пришло́сь 不得不

промока́ть [未] // [完] промо́кнуть (I) -ну,
-нешь, -нут; -мо́к, -мо́кла, -мо́кли
湿透

режи́м （作息）制度

результа́т 成果，结果

рисова́ние 绘画

соблюда́ть (I) [未] // [完] соблюсти́ (что)
恪守、遵守；保持

сон 梦；睡眠

сосе́д 邻居

танцева́ть (I) -цу́ю, -цу́ешь, -цу́ют [未]
(что) 跳舞

удивля́ться (I) [未] // [完] удиви́ться,
-влю́сь, -ви́шься, -вя́тся (кому-чему 或
на кого-чего) 惊奇

улучша́ться, [未] // [完] улучши́ться (II)
-ши́тся; -ши́лось 变好；改善

успева́ть (I) [未] // [完] успе́ть (на что) 来
得及；跟得上

уха́живать (I) [未] (за кем-чем) 服侍，照料

холо́дный 寒冷的，冰凉的

что́бы [连] 为了……

8. 朗读并记住下列词组。

два дня наза́д	两天前
имби́рный чай	姜茶
полоска́ть го́рло	漱口
ка́пать ка́пли в нос	滴鼻药水
вести́ пра́вильный о́браз жи́зни	引导正确的生活方式
посте́льный режи́м	卧床习惯
уха́живать за мной	照顾我
деви́з жи́зни	人生格言
по утра́м, по вечера́м	每逢早上，每逢傍晚
университе́т для пожилы́х люде́й	老年大学
игра́ть в маджо́нг	打麻将
боле́зни обхо́дят стороно́й	疾病绕着走
ложи́ться спать	躺下睡觉
висе́ть в Интерне́те	挂在网上
выставля́ть фо́то в моме́нты в Wechat	在微信朋友圈发照片
три ли́тра воды́	三升水
на друго́й день	第二天
други́ми слова́ми	换句话说

9. 掌握下述词汇的用法。

A. 朗读并翻译右列句子。

вести́ (кого́-что, чтобы 从句)	• Други́ми слова́ми, чтобы име́ть здоро́вье, необходи́мо вести́ пра́вильный о́браз жи́зни.
выставля́ть – вы́ставить (что) ложи́ться – лечь	• Я ложу́сь спать по́здно, потому́ что люблю́ висе́ть в Интерне́те, писа́ть друзья́м и́ли выставля́ть но́вые фо́то в моме́нты в Wechat.
напомина́ть – напо́мнить (Что, кому; о ком-чём)	• Она́ напо́мнила мне изве́стную кита́йскую посло́вицу: «Одева́ться ра́нней весно́й тепло́, а ра́нней о́сенью – легко́».
обходи́ть – обойти́ (кого́-что 或无补)	• А боле́зни про́сто обхо́дят её стороно́й!
прийти́сь (кому́ пришло́сь)	• Утром мне пришло́сь идти́ к врачу́ в студе́нческую поликли́нику.
соблюда́ть (что)	• И, коне́чно, соблюда́ть посте́льный режи́м!
удивля́ться (кому́-чему́)	• Я всегда́ удивля́лся, как мно́го она́ успева́ет!
успе́ть – успева́ть (на что, к чему́)	

улучша́ться – улучши́ться

уха́живать (за кем-чем)

- На друго́й день моё настрое́ние улучши́лось.
- Её слова́ напо́мнили мне ба́бушку, кото́рая мно́го уха́живала за мной в де́тстве.

Б. 用上述左列词汇的适当形式填空。

1) Когда́ студе́нты переска́зывают текст, преподава́тель ча́сто _____ им слова́.

2) Эти дома́ и у́лицы _____ Ни́не свой родно́й го́род.

3) Ка́ждый из нас до́лжен _____ чистоту́ ко́мнаты.

4) Де́ти, когда́ идёт бале́т, прошу́ _____ тишину́ (安静).

5) Весь мир _____ большо́му экономи́ческому разви́тию Кита́я.

6) Все _____, что э́тот ру́сский студе́нт так чи́сто говори́т по-кита́йски.

7) В на́шей стране́ жизнь трудя́щихся _____.

8) Если пого́да _____ по́сле обе́да, пойдём погуля́ть в парк.

9) В больни́цах за больны́ми _____ медсёстры.

10) Пусть ка́ждый _____ сам за собо́й.

В. 翻译下列句子，注意黑体词的用法。

1) Андре́й с удово́льствием **ведёт** большу́ю обще́ственную рабо́ту.

2) На́шу гру́ппу **ведёт** преподава́тель Лин.

3) Тётя Ли **ведёт** Ми́шу в де́тский сад.

4) – Куда́ **ведёт** э́та доро́га?

   – Эта доро́га **ведёт** к мо́рю.

5) Медсестра́ **повела́** больно́го к врачу́.

6) Коммунисти́ческая па́ртия Кита́я **ведёт** кита́йский наро́д к све́тлому бу́дущему.

7) Ты зна́ешь, почему́ ру́сские так говоря́т: «**ложи́ться** на крова́ть», а «спать в посте́ли»?

8) Молодо́й худо́жник **вы́ставил** две карти́ны на вы́ставке в музе́е.

9) **Выставля́й** э́ти цветы́ на во́здух поча́ще.

10) Пошёл дождь, поэ́тому де́тям **пришло́сь** зако́нчить игру́ в футбо́л и верну́ться домо́й.

10. 词义辨析。

спать   ложи́ться – лечь

1) Сам не _____, и други́м не даёшь спать.

2) Ле́на всю ночь не _____.

3) Никола́й _____ вчера́ в оди́ннадцать и сего́дня у́тром просну́лся в шесть, ско́лько часо́в он _____?

4) Ра́но _____ и ра́но встава́ть о́чень поле́зно для здоро́вья.

опа́здывать – опозда́ть   успева́ть – успе́ть

1) Собра́ние ва́жное, про́сим не _____ на него́.

2) Быстре́е, а то _____ на по́езд.

3) Фе́дя сего́дня _____ на рабо́ту на 30 мину́т.

4) – Зна́чит, вы сего́дня _____ к нача́лу заня́тий?

5) – Мы на конце́рт _____ ?

6) К собра́нию На́дя успе́ла вы́полнить свою́ презента́цию.

обходи́ть   обойти́   пройти́   проходи́ть

1) Воло́дя уме́л ло́вко _____ все тру́дные вопро́сы.

2) Мы реши́ли _____ стороно́й то ме́сто, где случи́лась ава́рия.

3) Но́вость _____ весь го́род.

4) Ма́ма говори́т гостя́м: «_____, пожа́луйста, в ко́мнату!»

5) Звоно́к. Студе́нты бы́стро _____ че́рез зал в аудито́рию.

6) – Разреши́те _____ к вы́ходу.

7) Когда́ студе́нты и преподава́тели иду́т в столо́вую, они́ _____ ми́мо библиоте́ки.

8) Преподава́тель _____ общежи́тие и познако́мился со все́ми но́выми студе́нтами.

11. 将括号中的中文译成俄语。

1) (两天前 _____)
   пого́да вдруг испо́ртилась.

2) Я был оде́т не (按天气情况 _____),
   поэ́тому промо́к и си́льно замёрз.

3) Утром (我不得不 _____)
   идти́ к врачу́ в студе́нческую поликли́нику.

4) Вам ну́жно (卧床休息 _____),
   принима́ть лека́рство, полоска́ть го́рло и (滴药水 _____)
   в нос.

5) (换句话说 _____),
   что́бы име́ть здоро́вье, необходи́мо вести́ пра́вильный о́браз жи́зни.

6) «Одева́ться ра́нней весно́й тепло́, а ра́нней о́сенью – легко́». – э́то
   (她的座右铭之一 _____).

7) (早上 _____)
   занима́ется тайцзи́, днём хо́дит в (老年大学 _____)

учи́ться рисова́нию и́ли игра́ет в Манджо́нг, (晚上 _____)
танцу́ет с сосе́дями.

8) А боле́зни про́сто (绕她而过 _____)!

9) Я ложу́сь спать по́здно, потому́ что люблю́ (挂在网上 _____
_____).

10) (第二天 _____)
моё настрое́ние улучши́лось.

12. 按示例用连接词将两个句子连成一个句子。

A. **что́бы**

> Образец Я пришёл, что́бы поговори́ть с тобо́й.
>
> Я пришёл, что́бы мне помогли́.

1) Я хочу́ { Все лю́ди лю́бят друг дру́га.
Ты с на́ми.
Ты мне рассказа́л, как твои́ дела́ в шко́ле.

2) Мы прие́хали в Шанха́й. Мы у́чимся в университе́те.

3) Ну́жно мно́го потруди́ться. Ну́жно стать успе́шным челове́ком.

4) Не на́до говори́ть. Он об э́том зна́ет.

5) Роди́тели ти́хо разгова́ривают. Мы не слы́шим.

Б. **поэ́тому**

> Образец Я был оде́т не по пого́де, поэ́тому промо́к и си́льно замёрз.

1) Че́рез неде́лю бу́дет Пра́здник весны́.

Ма́ма пошла́ сего́дня в торго́вый центр за пода́рками.

2) Друзья́ Андре́я прие́дут в Шанха́й.

Андре́й пое́хал в аэропо́рт встреча́ть друзе́й из Росси́и.

3) Я хочу́ изуча́ть ру́сский язы́к.

Учи́тель посове́товал мне поступи́ть в Университе́т иностра́нных языко́в.

4) Пого́да хоро́шая.

Ребя́та договори́лись пойти́ на спорти́вную площа́дку игра́ть в футбо́л.

В. **и**

> Образец Ве́чером мне позвони́ла Ван Ли, и я рассказа́л ей о свое́й боле́зни.

1) Вдруг пошёл дождь. Нам прошло́сь верну́ться домо́й.

2) У ма́мы бу́дет день рожде́ния. Я реши́ла подари́ть ей два биле́та на бале́т в Большо́й теа́тр.

3) Пришла́ весна́. На дере́вьях на́чали зелене́ть ли́стья.

4) Го́сти пришли́. Ма́ма пригласи́ла госте́й за стол.

13. 将下列句子翻译成俄语。

1) 维佳，不要睡在地板上，睡到床上去。

_____

2) 李老师上的是中共党史课。

_____

3) 李丽扶着年迈的外婆过马路。

_____

4) 当学生听不懂时，老师不得不重复一遍自己的问题。

_____

5) 大家对他丰富的历史知识感到吃惊。

_____

6) 我在芭蕾开演前赶到了剧院。

_____

7) 妮娜走遍图书馆，都没看见娜塔莎。

_____

8) 李导的讲述让王叔叔想起了童年往事。

_____

9) 每一个公民都应该守法。

_____

10) 大学学习期间，唐宁不得不学会照顾自己。

_____

14. 根据课文内容回答问题。

1) Что случи́лось с Тан Ни́ном два дня наза́д?

2) Что на осмо́тре врач сказа́л Тан Ни́ну?

3) Почему́ у Тан Ни́на бы́ло плохо́е настрое́ние?

4) Каку́ю посло́вицу Ван Ли напо́мнила Тан Ни́ну?

5) Что Ван Ли посове́товала де́лать Тан Ни́ну?

6) Почему́ Тан Нин вспо́мнил свою́ ба́бушку?

7) Почему́ Тан Нин счита́ет свою́ ба́бушку акти́вной?

8) О чём Тан Нин ду́мал, когда́ он лежа́л в посте́ли?

9) Что Тан Нин хо́чет сде́лать, когда́ попра́вился?

15. 根据提纲复述课文。

1) Тан Нин заболе́л.

2) Тан Нин у врача́.

3) У Тан Ни́на плохо́е настрое́ние.

4) Сове́ты Ван Ли.

5) Пра́вила жи́зни ба́бушки Тан Ни́на.

6) Тан Нин попра́вился.

16. 回答下列问题。

1) Е́сли ты простуди́лся, пойдёшь ли ты к врачу́?

2) Каку́ю медици́ну ты предпочита́ешь: за́падную и́ли традицио́нную кита́йскую медици́ну?

3) Лю́бишь ли ты принима́ть кита́йские лека́рства?

4) Ты когда́-нибудь при просту́де пил имби́рный чай?

5) Когда́ ты заболе́л, ты лежи́шь в посте́ли и́ли хо́дишь на заня́тия?

6) Занима́ешься ли ты спо́ртом? И каки́м?

7) Како́й о́браз жи́зни ты ведёшь? Мо́жешь ли ты назва́ть его́ здоро́вым о́бразом жи́зни?

8) Что ты посове́туешь свои́м друзья́м, е́сли они́ хотя́т вести́ акти́вный о́браз жи́зни?

17. 借助词典阅读短文并完成练习。

Как я боле́л все́ми боле́знями

Одна́жды мне показа́лось, что я заболе́л. Я не понима́л, чем заболе́л, поэ́тому пошёл в библиоте́ку, что́бы прочита́ть в медици́нском спра́вочнике о том, как ну́жно лечи́ть мою́ боле́знь.

Я взял кни́гу, прочита́л там всё, что ну́жно, а пото́м стал чита́ть да́льше. Когда́ я прочита́л об аппендици́те, я по́нял, что у меня́ уже́ не́сколько ме́сяцев аппендици́т.

Пото́м мне ста́ло интере́сно, чем я ещё бо́лен. Я на́чал чита́ть с пе́рвой главы́ и прочита́л весь спра́вочник. И тогда́ я по́нял, что у меня́ есть все боле́зни, кро́ме о́пухоли на коле́не.

Я заволнова́лся. Я ду́мал о том, ско́лько лет ещё проживу́. Я реши́л сам осмотре́ть себя́. Я стал иска́ть пульс. Снача́ла никако́го пу́льса не́ было. Вдруг он появи́лся. Я стал счита́ть. Сто со́рок? Я стал иска́ть у себя́ се́рдце. Я его́ не нашёл. Мне ста́ло стра́шно, но пото́м я реши́л, что оно́ всё-таки нахо́дится на своём ме́сте, про́сто я не могу́ его́ найти́.

Я реши́л пойти́ к своему́ врачу́ – моему́ ста́рому дру́гу. Я вошёл к нему́ и сказа́л: «Дорого́й мой! Я не бу́ду расска́зывать тебе́ о том, каки́е боле́зни у меня́ есть. Жизнь коротка́. Лу́чше я скажу́, чего́ у меня́ нет. У меня́ нет о́пухоли на коле́не».

Врач осмотре́л меня́, сел за стол, написа́л что-то на бума́жке и о́тдал мне. На реце́пт я не посмотре́л, а положи́л его́ в карма́н и сра́зу пошёл за лека́рством. В апте́ке я о́тдал реце́пт фармаце́вту. Он прочита́л его́ и верну́л со слова́ми: «Здесь апте́ка, а не продукто́вый магази́н и не рестора́н».

Я с удивле́нием посмотре́л на него́, взял реце́пт и прочита́л: «Оди́н бифште́кс и одна́ буты́лка пи́ва ка́ждые шесть часо́в. По утра́м ежедне́вно прогу́лка, ложи́ться спать ро́вно в 11 часо́в ве́чера. И не чита́ть о боле́знях».

Так я и сде́лал. Сове́т врача́ спас мне жизнь. И я жив до сих пор.

1) Како́й боле́знью я заболе́л одна́жды?

    А) о́пухолью на коле́не

    Б) аппендици́том

    В) никако́й боле́знью (ниче́м) не заболе́л

2) Что я по́нял по́сле чте́ния медици́нского спра́вочника? Я по́нял, что _____

    А) у меня́ нет боле́зни

    Б) я до́лжен пойти́ к врачу́

    В) у меня́ есть все боле́зни, кро́ме о́пухоли на коле́не

3) Когда́ я на́чал осма́тривать сам себя́, я иска́л _____

    А) коле́но   Б) се́рдце   В) о́пухоль

4) Почему́ фармаце́вт сказа́л мне: «Здесь апте́ка, а не продукто́вый магази́н и не рестора́н»?

    А) Потому́ что в реце́пте бы́ло напи́сано, что в а́птеке ну́жно купи́ть бифште́кс и пи́во.

    Б) Потому́ что в апте́ке не продаю́т бифште́кс и пи́во.

    В) Потому́ что фармаце́вт не лю́бит бифште́кс и пи́во.

语法 Грамма́тика

带前缀的运动动词 (Глаго́лы движе́ния с приста́вками)

1. 带前缀的运动动词的构成

俄语中的定向/不定向运动动词加上前缀可以构成新的动词，我们称之为带前缀的运动动词，其词汇意义和语法属性会发生新的变化。一般来说，定向运动动词加前缀构成完成体动词，而不定向运动动词加前缀构成未完成体动词，如：войти́ – входи́ть, прилете́ть – прилета́ть, перебежа́ть – перебега́ть, вы́нести – выноси́ть, увезти́ – увози́ть。

也有些完成体动词由定向动词加前缀构成，但是其未完成体动词由另外的词干构成，如：вы́ехать – выезжа́ть; 或者其未完成体动词由完成体动词加后缀构成，如：уплы́ть – уплыва́ть。

2. 带前缀运动动词的意义

一般来说，不同的前缀可以使运动动词获得运动方向的意义，同时定向/不定向运动动词加上前缀构成的动词也获得了不同体的意义。它们通常与一定的前置词连用，其对应关系如下：

前缀	意义	前置词	示例
в-, во-	由外向内	в / на	войти́ в ко́мнату въе́хать в го́род внести́ компью́тер в кабине́т
вы-	由内向外	из / с	вы́йти из ко́мнаты вы́ехать из го́рода вы́нести компью́тер из кабине́та
при-	到达	в, на, к	прилете́ть в Шанха́й принести́ письмо́ на по́чту прие́хать к ба́бушке
у-	离开	из, с, от	улете́ть из Шанха́я унести́ письмо́ с по́чты уе́хать от ба́бушки
под-, подо-	接近	к	подойти́ к учи́телю подплы́ть к бе́регу
от-, ото-	离开	от	отойти́ от учи́теля отплы́ть от бе́рега
вз-, взо-	向上	на	взойти́ на́ гору Самолёты взлета́ли оди́н за други́м.
с-, со-	向下	с	сойти́ с пя́того этажа́ сбежа́ть с горы́
раз(о)...сь(ся)	向四处分散	по, в	разойти́сь по дома́м разбежа́ться в ра́зные сто́роны
с(о)...сь(ся)	向一处聚集	в	съе́хаться на встре́чу выпускнико́в
до-	到达	до	дойти́ до теа́тра добежа́ть до реки́

пере-	1. 从事物的一侧到另一侧；
	
	2. 从一个地方到另一个地方
		че́рез из-в,
		
		с-на от-к
			1. перейти́ че́рез у́лицу
			   переплы́ть че́рез ре́ку
			2. перевести́ меня́ с одного́ го́рода в друго́й
			   перее́хать в но́вую кварти́ру

前缀	意义	前置词	示例
про-	1. 从某物或某人的旁边经过； 2. 通过、穿过、错过某事物； 3. 经过一段距离	ми́мо че́рез сквозь	1. пройти́ ми́мо до́ма пробежа́ть ми́мо меня́ 2. пройти́ (че́рез)лес прое́хать че́рез тунне́ль 3. проплы́ть два киломе́тров
о-(об-, обо-)	1. 环绕或绕过某物； 2. 走遍所有地方	вокру́г	1. объе́хать вокру́г па́рка обойти́ лу́жу 2. обойти́ весь магази́н обойти́ всех знако́мых
за-	1. 顺便去某处； 2. 到某处后面	в, на, к, за	1. зайти́ в магази́н зае́хать на по́чту зайти́ к подру́ге 2. забежа́ть за де́рево

注：

A) 定向运动动词加上前缀 по-，构成完成体，表示运动行为的开始，如：идти́ – пойти́，е́хать – пое́хать，бежа́ть – побежа́ть，лете́ть – полете́ть，плыть – поплы́ть，нести́ – понести́，везти́ – повезти́，这些动词用于描述某种行为的开始，往往接着前一个行为的结束，如：

Я встал, оде́лся, поза́втракал и пошёл на рабо́ту.

我起床、穿衣、吃早饭，然后去上班。

Вчера́ по́сле заня́тий мы пошли́ в кино́.

昨天放学后我们去了电影院。

不定向运动动词加上前缀 по-，也构成完成体，表示运动持续一段时间后结束，如：ходи́ть – походи́ть，е́здить – пое́здить，бе́гать – побе́гать，лета́ть – полета́ть，пла́вать – попла́вать，вози́ть – повози́ть，носи́ть – поноси́ть，води́ть – поводи́ть，如：

Мы походи́ли полчаса́ о́коло до́ма, верну́лись и легли́ спать.

我们在家附近走了半小时，然后回家睡觉。

Я попла́вал не́сколько мину́т и сно́ва лёг на горя́чий песо́к.

我们游了几分钟，然后又躺到热乎乎的沙滩上了。

Б) 不定向运动动词加上前缀 с-，还可以构成完成体，表示一次运动的完成，如：сходи́ть（去一趟），сбе́гать（跑一趟），съе́здить（乘车去一趟），强调去了某处又回来，如：

Ма́льчик сходи́л (сбе́гал) в магази́н за хле́бом.

男孩去趟商店买面包。

3. 某些带前缀运动动词的区别

不少带不同前缀的运动动词构成反义关系，比较容易理解和区别，但有一些词的意义比较接近，容易混淆，要注意它们的区别。

1) 带前缀 у- 与带前缀 вы- 的运动动词的对比

带前缀 у- 的运动动词表示离开某处而去，并不表示立即返回；

带前缀 вы- 的运动动词除表示"由内而外"的运动外，还有短时间离开的意思，预计即将返回，如：

– Скажи́те, мо́жно мне поговори́ть с дека́ном?

– С дека́ном? Он вы́шел. Подожди́те немно́го.

— 请问，我可以跟系主任说几句话吗？

— 和系主任吗？他出去了，稍等一会儿。

– Где дире́ктор?

– Он ушёл, сего́дня его́ уже́ не бу́дет. Приходи́те за́втра.

— 经理在哪儿？

— 他走了，今天不来了，明天你再来吧。

2) 带前缀 от- 与带前缀 у- 的运动动词的对比

带前缀 от- 的运动动词强调从某人、某物旁离开一点距离；

带前缀 у- 的运动动词强调完全离开某人或某处，如：

Учи́тель написа́л предложе́ние и отошёл от доски́.

老师写完了句子，离开黑板。

Вчера́, когда го́сти ушли́, и в кварти́ре ста́ло ти́хо.

昨天客人走了，房子里终于安静了。

3) 带前缀 до- 与带前缀 при- 的运动动词的对比

带前缀 до- 的运动动词表示到达某个界限，并不一定会进入某处，与前置词 до 连用；

带前缀 при- 的运动动词表示来到目的地，并会进入某处，如：

Мы дошли́ до ле́са уже́ к ве́черу.

快到傍晚的时候我们才到了森林。

К нам пришли́ го́сти.

有客人来我们家了。

4) 带前缀 пере- 与带前缀 про- 的运动动词的对比

带前缀 пере- 的运动动词表示从物体的一侧到另一侧的横向运动；

带前缀 про- 的运动动词表示从物体的一端到另一端的纵向运动，还可表示经过一定距离的运动或错过目的地，如：

Переходи́ть у́лицу ну́жно на зелёный свет.

绿灯时可以过马路。

Я прошёл всю у́лицу, но так и не нашёл его́ дом.

我从马路的这头走到那头，还是没有找到他的家。

За час мы прошли́ пять киломе́тров.

一小时内我们走了五公里。

练习 ▶ Упражне́ния

1. 写出下列动词的对应体形式，并借助词典写出其中文意义。

完成体动词	未完成体动词	中文意义
уйти́		
привести́		
перелете́ть		
	проезжа́ть	
	свози́ть	
взойти́		
войти́		
вы́нести		
	подходи́ть	
отъе́хать		
добежа́ть		
занести́		
	обходи́ть	

2. 朗读下列句子，注意黑体词的用法。

1) Я постуча́л. «**Войди́те!**» – разда́лся за две́рью го́лос.

2) Ле́том мы всегда́ **выезжа́ем** на да́чу.

3) Ко мне **приезжа́ет** мой ста́рший брат с семьёй. Он у́тром сообщи́л мне об э́том по телефо́ну.

4) Ка́ждую суббо́ту к Па́влу **приходи́ли** това́рищи.

5) Друзья́ **ушли́** от меня́ по́здно. Нам бы́ло ве́село.

6) По́сле заня́тий все студе́нты **вы́шли** из аудито́рии.

7) Авто́бус то́лько что **отошёл** от остано́вки.

8) Шко́льники бы́стро **взбежа́ли** на второ́й эта́ж.

9) Де́вочка **сбежа́ла** по ле́стнице вниз.

10) Ма́льчик **забежа́л** за у́гол, поэ́тому ма́ма его́ не нашла́.

11) Я иду́ в университе́т и поэ́тому **забежа́ла** к тебе́ по пути́ то́лько на мину́тку.

12) Мы **прошли́** 6 киломе́тров и останови́лись отдохну́ть.

3. 用适当的前置词填空，并将括号内的词变成需要的形式。

1) Он прошёл _____ (я) и не поздоро́вался.

2) Гру́ппа шко́льников прие́хала _____ (Москва́) сего́дня.

3) Мы перешли́ _____ (друга́я сторона́) у́лицы, чтобы зайти́ в кни́жный магази́н.

4) По доро́ге на юг я зае́хала _____ (роди́тели) на три дня.

5) За полчаса́ мы дошли́ _____ (ста́нция).

6) Мы вы́шли _____ (у́лица), чтобы дыша́ть све́жим во́здухом.

7) Он подошёл _____ (мы), чтобы узна́ть но́вости.

8) Обы́чно оно́ ухо́дит _____ (рабо́та) в 7 часо́в.

9) Доро́га вы́вела нас _____ (лес).

10) Ста́ло хо́лодно, и я отошёл _____ (окно́).

4. 选词填空。

1) У него́ боле́ла нога́, поэ́тому он _____ (шёл, пошёл) ме́дленно.

2) По́сле у́жина он сра́зу _____ (шёл, пошёл) в свою́ ко́мнату и лёг спать.

3) Па́вел откры́л ключо́м дверь кварти́ры, и мы _____ (вошли́, вы́шли) в небольшу́ю ко́мнату.

4) Вам на́до _____ (входи́ть, выходи́ть) на сле́дующей остано́вке?

5) Сего́дня _____ (придёшь, уйдёшь) в институ́т? Принеси́ мне мою́ кни́гу.

6) Я _____ (подошёл, отошёл) к кио́ску и купи́л моро́женое.

7) Ма́льчик научи́лся хорошо́ пла́вать и уже́ _____ (подплы́л, отплы́л) от бе́рега ме́тров на 20.

8) Мы _____ (взбежа́ли, сбежа́ли) по ле́стнице на пе́рвый эта́ж.

9) Когда́ мы _____ (взошли́, сошли́) на верши́ну горы́, пе́ред на́ми откры́лся чуде́сный вид.

5. 用 **уйти́** 或 **вы́йти** 的适当形式填空。

1) – Мо́жно мне поговори́ть с ва́шим дире́ктором?

   а) – Рабо́чий день ко́нчился. Он _____.

   б) – Подожди́те, пожа́луйста. Он _____.

2) – Алло́! Мо́жно попроси́ть к телефо́ну Тан Ни́на?

   а) – Он _____ обе́дать. Позвони́те по́зже.

   б) – Тан Нин _____. Позвони́те за́втра.

3) – А где же Тан На?

   а) – Она́ пло́хо себя́ чу́вствует, _____ домо́й.

б) – Она́ _____, сейча́с вернётся.

4) – Извини́те, где мне найти́ гла́вного инжене́ра?

   а) – Инжене́ра Ивано́ва? Он здесь, но куда́-то _____.

   б) – Инжене́ра Ивано́ва? Он уже́ _____.

6. 用 **уйти́** 或 **отойти́** 的适当形式填空。

   1) Брат _____ с заво́да в 5 часо́в.

   2) Мы _____ в сто́рону, что́бы дать маши́не прое́хать.

   3) Не успе́л я _____ от стола́, как мать сказа́ла: «Сади́сь, я хочу́ поговори́ть с тобо́й».

   4) Что́бы не меша́ть ученика́м спи́сывать с доски́, учи́тель _____ к окну́.

   5) Мне меша́ли разгово́ры друзе́й, и я с кни́гой _____ в другу́ю ко́мнату.

   6) Бра́та нет до́ма, он _____ на рабо́ту.

7. 从括号内选用适当的动词，变成需要的形式。

   1) Мы е́хали на метро́ и поэ́тому _____ (дое́хать, прие́хать) в институ́т о́чень бы́стро.

   2) Мы шли бы́стро и _____ (дойти́, прийти́) до институ́та за 10 мину́т.

   3) Мы до́лго шли и, наконе́ц, _____ (дойти́, прийти́) на ме́сто встре́чи.

   4) Е́сли мы пое́дем на авто́бусе, то _____ (дое́хать, прие́хать) до стадио́на за 15 мину́т.

   5) Че́рез ско́лько часо́в мы _____ (дое́хать, прие́хать) в Шанха́й?

   6) Ба́бушка _____ (дойти́, пойти́) в магази́н и купи́ла Тан Ни́ну торт.

8. 用带前缀 **пере-** 或 **про-** 的运动动词填空。

   1) Мы _____ пло́щадь и оказа́лись пе́ред Больши́м теа́тром.

   2) Смотри́, мяч _____ че́рез воро́та (球门).

   3) Самолёт _____ над го́родом.

   4) Когда́ вы пое́дете на юг, вы бу́дете _____ Ки́ев.

   5) Вчера́ я _____ всю у́лицу Нанкинлу́, но так и не нашёл Дом кни́ги.

   6) Больно́й про́сит _____ его́ в другу́ю пала́ту (病房).

9. 在短文中填入适当的带前缀或不带前缀的运动动词。

Эзо́п (伊索) и путеше́ственник

Одна́жды баснопи́сец (预言家) Эзо́п _____ по́лем домо́й и встре́тил путеше́ственника, кото́рый спроси́л его́, до́лго ли ещё _____ до ближа́йшей дере́вни.

– _____ (命令式), – сказа́л Эзо́п.

– Я и сам зна́ю, что ну́жно _____, но скажи́, ско́лько вре́мени на́до _____.

– _____ (命令式), – опя́ть сказа́л Эзо́п.

– «Наве́рное, э́то сумасше́дший (疯子)», – поду́мал путеше́ственник и _____ да́льше. Че́рез не́сколько мину́т Эзо́п кри́кнул ему́:

– Ты _____ туда́ че́рез час.

– Почему́ же ты сра́зу не отве́тил на мой вопро́с?

– Потому́ что я не знал, как ты _____, – отве́тил Эзо́п.

Ле́тние кани́кулы

Ле́том я о́чень люблю́ _____ к дя́де на кани́кулы. Дя́дя живёт в дере́вне. Его́ дом стои́т на берегу́ ре́чки. Здесь о́чень краси́во.

По утра́м я встаю́ ра́но и _____ во двор де́лать гимна́стику, а пото́м _____ на ре́чку купа́ться. Речка́ дово́льно широ́кая. Обы́чно я _____ на друго́й бе́рег и там отдыха́ю полчаса́. Отдохну́в, я _____ обра́тно, одева́юсь и _____ домо́й. Тётя встреча́ет меня́ вку́сным за́втраком.

По́сле за́втрака мы с дя́дей _____ в по́ле. Я люблю́ рабо́тать с дя́дей в по́ле. В обе́денный переры́в я опя́ть _____ на ре́чку купа́ться. Ве́чером я у́жинаю и _____ со свои́ми друзья́ми в клуб.

Когда́ кани́кулы зака́нчиваются, я е́ду домо́й и ду́маю, что в сле́дующем году́ прие́ду в дере́вню сно́ва.

Повторение

1. 将下列名词变成单数第五格和复数第一、二格的形式。

	ого́нь	пло́щадь	со́тня	у́гол	на́бережная
单数第五格	_____	_____	_____	_____	_____
复数第一格	_____	_____	_____	_____	_____
复数第二格	_____	_____	_____	_____	_____

	моро́женое	владе́лец	мёд	пирожо́к	икра́
单数第五格	_____	_____	_____	_____	_____
复数第一格	_____	_____	_____	_____	_____
复数第二格	_____	_____	_____	_____	_____

	ковёр	лист	пляж	ве́тер	дождь
单数第五格	_____	_____	_____	_____	_____
复数第一格	_____	_____	_____	_____	_____
复数第二格	_____	_____	_____	_____	_____

2. 将下列动词变位。

	брать	взять	заказа́ть	про́бовать
я				
ты				
они́				

	по́льзоваться	корми́ть	вести́	привы́кнуть
я				
ты				
они́				

	вы́писать	навести́ть	лечь	вы́пить
я				
ты				
они́				

3. 翻译下列词组。

人民广场   乘公交车抵达

在街角   三人桌

大多数游客   饭做得好吃

扫二维码   窗外

适应气候   溜冰

打排球   服药

去睡觉   两天前

上海的象征   亲眼看见

除此之外   享受俄罗斯美食

在晚上   祝您好胃口！

季节   常言道

滑雪   在海滩上晒太阳

一年四季   一天三次

照顾我   正确的生活方式

4. 选择恰当的词语填空。

услы́шать – слы́шать   слу́шать

1) – Алло́. Вы меня́ _____?

    – Алло́. Я вас пло́хо _____.

2) Преподава́тель объясня́ет текст. Мне на́до _____ внима́тельно.

3) По вечера́м де́ти _____ лёгкую му́зыку.

4) Когда́ я _____ её го́лос (声音), я в неё влюби́лся.

боле́ть   заболева́ть – заболе́ть   больно́й

5) Ма́ма уха́живает за _____ ребёнком.

6) Здесь нет чи́стой воды́ и лю́ди на́чали _____.

7) Я _____ и у меня́ голова́ _____.

8) Сего́дня Мари́на не пришла́ на заня́тия, потому́ что она́ _____.

начина́ться – нача́ться   начина́ть – нача́ть

9) Ка́ждое у́тро у нас заня́тия _____ в 8:15.

10) Он сел на стул и _____ чита́ть кни́гу.

11) Экза́мены зако́нчились и кани́кулы _____.

12) По вечера́м в 19 часо́в я _____ де́лать дома́шнее зада́ние.

зима́   зимо́й   зи́мний

13) У нас _____ о́чень краси́вая. Везде́ снег, как в ска́зке (童话).

14) В январе́ у нас бу́дут _____ кани́кулы.

15) _____ я люблю́ ката́ться на конька́х.

лежа́ть   ложи́ться – лечь

16) Ко́шка _____ на полу́.

17) Вчера́ я о́чень уста́ла и ра́но _____ спать.

5. 选择适当的前置词填空，并将括号里的词变成所需要的形式。

1) В э́том году́ я познако́милась _____ (друзья́).

2) _____ (террито́рия) на́шего университе́та есть больша́я библиоте́ка. Недалеко́ _____ (она́) нахо́дится студе́нческое общежи́тие.

3) _____ (у́лица Нанкинлу́) мы дошли́ _____ (изве́стная на́бережная) – Вайта́нь.

4) Он прие́хал в Москву́ и ещё не привы́к _____ (но́вый часово́й по́яс (时区)).

5) Преподава́тель говори́т: «Чита́йте _____ (я)».

6) _____ (суббо́та) я навеща́ю ба́бушку и уха́живать _____ (она́).

7) Наш дом нахо́дится _____ (бе́рег) э́той реки́.

6. 联词成句。

1) Ка́ждый, день, мы, обе́дать, в, столо́вая. У, мы, в, столо́вая, хорошо́, корми́ть.

2) Кита́й, удиви́ть, весь, мир, свой, успе́х.

3) Мы, с, друзья́, прийти́, на, вы́ставка. Здесь, мы, наслажда́ться, карти́ны.

4) Ле́то, я, люби́ть, отдыха́ть, на, пляж. Мо́жно, носи́ть, лёгкая, оде́жда.

5) Студе́нты, мечта́ть, о, свой, бу́дущее.

6) Я, нра́виться, ру́сская, ку́хня. Ка́ждый, воскресе́нье, я, зака́зывать, пирожки́, с, капу́ста, в, рестора́н.

7) Мой, друзья́, прийти́, к, я, в, го́сть. Это, удиви́ть, я.

8) Како́й, пого́да, быва́ть, у, вы, в, го́род, весна́?

9) Мы, по́мнить, наш, учи́тели, в, шко́ла. Они́, мы, помога́ть.

10) Сего́дня, на, уро́к, по, ру́сский, язы́к, учи́тель, вы́звать, я, к, доска́.

7. 翻译下列句子。

1) 爸爸已经订好了火车票。明天他要去上海。

_____

2) 王丽读俄语书时，需要借助（по́льзоваться）词典。

_____

3) 大学生们正在准备上课的报告。

_____

4) 周末大学生们欣赏音乐和绘画。

_____

5) 今天莫斯科天气很冷，气温零下 30 度。

_____

6) 春天阳光明媚，冰雪融化，树上长出绿色的新叶。

_____

7) 老师提醒米沙，要按时完成家庭作业。

_____

8) 昨天我很晚回家，然后刷了牙，洗了脸，就睡觉了。

_____

9) 我今天起床晚了，所以没有赶上火车（успе́ть）。

_____

10) 医生建议我吃药，漱口，滴鼻药水，要有健康的生活方式。

_____

11) 我走遍了教学楼里所有的教室，也没有看到我们的俄语老师。

_____

12) 伊万发烧了，他的好朋友唐宁在照料他。

_____

13) 妮娜今天心情很好，她不仅和朋友们一起跳了舞，还拍照发了微信朋友圈。

_____

8. 阅读下列短文，并完成课后练习。

(А) Пого́да Шанха́я

Когда́ вы собира́етесь посеща́ть Шанха́й, на́до поду́мать о пого́де. Не все лю́ди привыка́ют к пого́де Шанха́я.

В Шанха́е пого́да по ме́сяцам си́льно отлича́ется. Зима́ быва́ет холо́дной, ле́том о́чень жа́рко, высо́кую температу́ру тяжело́ переноси́ть.

Посеще́ние го́рода в январе́ бу́дет не комфо́ртное. Со́лнечных дней ма́ло. Это са́мый холо́дный ме́сяц, Иногда́ идёт дождь, да́же мо́жет вы́пасть снег. Тури́стам на́до носи́ть тёплую оде́жду. В феврале́ температу́ра во́здуха подни́мется до +10 гра́дусов. Но́чью иногда́ идёт снег, но бы́стро та́ет. В ма́рте в Шанха́е мно́го дожде́й и тури́стам на́до носи́ть с собо́й зонт.

В апре́ле в Шанха́е наступа́ет настоя́щая весна́. Весно́й пого́да в Шанха́е отли́чная. Сре́дняя дневна́я температу́ра поднима́ется до +20 гра́дусов, в ма́е до +25 гра́дусов. Я ду́маю, что а́прель и май – лу́чшие ме́сяцы в Шанха́е!

Ле́том в Шанха́е пого́да о́чень жа́ркая. Температу́ра высо́кая. В со́лнечные дни посети́тели мо́гут насла́диться пля́жем. В Шанха́е пля́жи нахо́дятся за́ городом.

Осень начина́ется с тёплой пого́ды, пото́м стано́вится прохла́днее. Осень в Шанха́е бо́лее со́лнечная, чем весно́й, и бо́лее прохла́дная, чем ле́том. В Шанха́е в октябре́ быва́ет бо́льше всего́ тури́стов.

Зимо́й в Шанха́е хо́лодно. Температу́ра ни́зкая. Для тури́стов, кото́рые привы́кли к тако́й температу́ре, э́тот ме́сяц – комфо́ртный.

Шанха́й – краси́вый го́род. Он всегда́ ждёт тури́стов.

Что пра́вильно, а что – нет?

а. Все лю́ди привыка́ют к пого́де Шанха́я. ( )

б. Посеще́ние Шанха́я в январе́ о́чень комфо́ртное. ( )

в. Са́мый холо́дный ме́сяц – янва́рь. ( )

г. Автор ду́мает, что май и ию́нь – лу́чшие ме́сяцы в Шанха́е. ( )

д. В Шанха́е пля́жи нахо́дятся не в це́нтре го́рода. ( )

е. Весно́й в Шанха́е бо́лее со́лнечная, чем о́сенью. ( )

ё. Бо́льше всего́ тури́стов приезжа́ют в Шанха́й в октябре́. ( )

ж. Автор ду́мает, что мо́жно и зимо́й прие́хать в Шанха́й. ( )

(Б) Здоро́вый о́браз жи́зни

Здоро́вый челове́к чу́вствует себя́ хорошо́, у него́ мно́го сил и жела́ний, он практи́чески всегда́ в хоро́шем настрое́нии. Здоро́вый челове́к мо́жет прожи́ть о́чень до́лго, да́же до 100 лет. Что́бы быть здоро́вым, на́до вести́ здоро́вый о́браз жи́зни и с де́тства забо́титься о своём здоро́вье.

На са́мом де́ле пра́вила здоро́вого о́браза жи́зни несло́жные, чита́йте и запомина́йте.

Пейте больше воды. Вы ведь знаете, что мы на 80% состоим из воды? А значит, вода нам жизненно необходима. Овощи и фрукты – наши друзья. Они нам очень полезны. Кушайте мясо. Оно богато железом. Это необходимо, чтобы развиваться и бороться с заболеваниями.

Занимайтесь спортом, ведь спорт помогает нам стать сильным.

Не забывайте о том, как важно вовремя ложиться спать, вовремя кушать, делать уроки и бывать на свежем воздухе. Давайте вместе составим такой режим для себя и найдём в себе силы его соблюдать.

Ещё одно важное правило: наше тело должно быть чистым. Мойтесь один, а лучше 2 раза в день. Чистите зубы как минимум 2 раза в день – утром и на ночь, мойте руки перед едой и после туалета.

Ответьте на вопросы.

а. Что надо делать, чтобы быть здоровым?

б. Почему надо пить больше воды? Кроме воды, что ещё нам полезно?

в. Почему надо заниматься спортом?

г. Что нужно соблюдать, чтобы вести здоровый образ жизни?

д. Сколько раз автор советует чистить зубы?

9. 从以下题目中任选一个，写一篇小作文。

1) Шанхай – красивый город.

2) Какое время года вам нравится?

3) Я люблю русскую кухню.

4) Я заболел (-ла)....

语法 **Грамматика**

1. 用 **ходить** 或 **ездить** 的适当形式替换下列句中的动词 **быть**。

1) Вчера я был в парке Чжуншань.

_____

2) Сегодня утром я был в библиотеке.

_____

3) Утром наш преподаватель был на почте.

_____

4) Я был в гостях у моей бабушки в деревне.

_____

5) Вчера́ первоку́рсники на́шего факульте́та бы́ли на вы́ставке.

_____

6) В про́шлом году́ в э́том же ме́сяце мы бы́ли в Сиа́не.

_____

7) Во вре́мя кани́кул вся на́ша семья́ была́ в до́ме о́тдыха.

_____

8) Кака́я пого́да стоя́ла, когда́ вы бы́ли за́ городом?

_____

2. 阅读对话和短文，填写所需要的运动动词。

1) – Чэнь Янфа́нь! Ты сейча́с _____ в институ́т?

– Нет, не _____.

– Почему́?

– Я уже́ _____ сего́дня.

– Ты всегда́ _____ в институ́т по утра́м?

– Нет. То́лько когда́ у меня́ с утра́ заня́тия, я _____ в институ́т к 8 часа́м.

2) Макси́м и Пе́тя прие́хали в Шанха́й. Им о́чень понра́вился э́тот го́род. По воскресе́ньям они́ лю́бят ли́бо (或者) _____ на экску́рсию, ли́бо _____ в музе́й. Ка́ждое у́тро они́ _____ в парк. Ве́чером они́ ча́сто _____ к друзья́м в го́сти. Сего́дня они́ хотя́т посмотре́ть фильм в кинотеа́тре «Мир». Туда́ мо́жно _____ на трамва́е, они́ реши́ли _____ пешко́м, что́бы посмотре́ть го́род.

3. 借助词典阅读短文，注意其中运动动词的使用，并回答下列问题。

Моя́ соба́ка Ти́на лю́бит гуля́ть со мной. Я надева́ю на неё поводо́к, и мы **идём** на у́лицу. Я **веду́** её в парк. Одна́ко сего́дня Ти́на не хо́чет **идти́** в парк, потому́ что во дворе́ на́шего до́ма гуля́ют её друзья́, Рекс и Диа́на. Ти́на **бежи́т** к ним. Тогда́ я беру́ её на ру́ки и **несу́**. На у́лице я спуска́ю её с рук, но она́ **бежи́т** наза́д и **ведёт** меня́ за собо́й.

Я сно́ва беру́ её на ру́ки и **несу́** к трамва́йной остано́вке. Я **везу́** Ти́ну до па́рка на трамва́е. В трамва́е она́ чу́вствует себя́ отли́чно, **е́дет** споко́йно и с удово́льствием смо́трит в окно́. Со стороны́ да́же тру́дно сказа́ть, кто кого́ **везёт** в парк: я – Ти́ну, и́ли она́ – меня́. У па́рка трамва́й остана́вливается. Ти́на хорошо́ зна́ет доро́гу и обы́чно сама́ **ведёт** меня́ к на́шему люби́мому ме́сту. Но то́лько не сего́дня! ... Она́ насто́йчиво **ведёт** меня́ вновь к трамва́йной остано́вке... и мы сиди́мся на трамва́й. Тепе́рь уже́ соверше́нно я́сно: Ти́на **везёт** меня́ домо́й.

У на́шего до́ма трамва́й остана́вливается. Доро́гу домо́й Ти́на зна́ет ещё лу́чше. Она́ ра́достно **ведёт** меня́ во двор, к свои́м друзья́м.

1) Куда́ я веду́ свою́ соба́ку?

2) Почему́ Ти́на не хо́чет идти́ в парк сего́дня?

3) К кому́ бежи́т Ти́на?

4) Почему́ я несу́ Ти́ну к трамва́йной остано́вке на рука́х?

5) Куда ведёт меня́ Ти́на?

6) Куда́ я сно́ва несу́ Ти́ну?

7) Куда́ я веду́ свою́ соба́ку?

8) Почему́ Ти́на ведёт меня́ обра́тно домо́й?

4. 用形容词的所需形式填空。

1) Кака́я _____ (краси́вый) де́вушка!

2) Костю́м ему́_____ (вели́кий).

3) Вчера́ бы́ло о́чень хо́лодно и он был _____ (больно́й).

4) О́вощи и фру́кты _____ (поле́зный) для здоро́вья.

5) Ната́ша чита́ет _____ (интере́сный) кни́гу.

6) У меня́ всё _____ (хоро́ший).

7) Спаси́бо, вы так _____ (любе́зный).

8) Бу́дьте _____ (до́брый), где библиоте́ка?

5. 将括号中的汉语译成俄语，形容词用短尾形式。

1) На́ши чита́льные за́лы _____ (明亮) и _____ (整洁) .

2) Вы _____ (认识) с э́той де́вушкой?

3) Обе́д _____ (准备好了).

4) Э́тот расска́з _____ (有趣) то́лько для дете́й.

5) Э́та зада́ча _____ (重要) для всех нас.

6) Э́ти уче́бники мне _____ (需要).

6. 翻译句子，然后将直接引语改为间接引语。

1) 唐宁说：“我喜欢夏天，因为有很多蔬菜和水果。”

_____

_____

2) 安娜问道：“你知道《战争与和平》这部托尔斯泰的作品（произведе́ние）吗？”

_____

_____

3) "你在做什么？"我问安东，"我们一起去图书馆吧！"

_____

_____

4) 唐娜说："马上要放假了，我要提前订火车票。"

_____

_____

5) 我对老师说："请您再讲解一下课文。"

_____

_____

6) "请您给我们看一下菜单。"妈妈对服务员说。

_____

_____

7. 用括号中词的所需形式填空。

1) Второе задание _____ (сложный), чем первое.

2) Помогите бабушкам _____ (часто).

3) Сегодня погода _____ (хороший), чем вчера.

4) Антон слушает преподавателя _____ (внимательно), чем Нина.

5) Эта комната _____ (уютный) другой.

6) Приходите _____ (поздно). У нас сейчас собрание.

7) Сергей _____ (высокий), чем Антон.

8) По-моему, рыба _____ (вкусный), чем мясо.

9) Сегодня я встал _____ (рано), чем мама.

10) Эти брюки _____ (длинный), чем другие.

8. 用形容词的最高级形式填空。

1) Москва – _____ (красивый) город России.

2) Я живу в _____ (высокий) здании на этой улице.

3) Антон влюбился в _____ (красивый) девушку нашей группы.

4) Этот молодой человек выполнил _____ (сложный) задачу.

5) Пекин – один из _____ (старый) столиц в мире.

6) Максим считает (认为) себя _____ (умный) человеком.

7) Мы были в гостях у _____ (добрый) друга.

8) Они были в _____ (интересный) музее в Санкт-Петербурге.

9. 填入 **всего́** 或者 **всех**，然后将句子翻译成汉语。

1) Мне бо́льше _____ нра́вится э́то блю́до.

2) В на́шей гру́ппе я пла́ваю быстре́е _____.

3) Ни́на по-ру́сски говори́т лу́чше _____.

4) Он бо́льше _____ лю́бит чита́ть кни́гу.

5) Я ча́ще _____ боле́ю и мне на́до занима́ться спо́ртом.

6) В на́шей ко́мнате я ложу́сь спать ра́ньше _____.

7) Ча́ще _____ Лю́ба е́здит на рабо́ту на метро́.

10. 用带前置词 **по-** 的运动动词填空。

1) Анна, куда́ ты _____ (пое́хать, пое́здить)?

2) Сего́дня пого́да хоро́шая и мы _____ в па́рке полчаса́ (пойти́, походи́ть)?

3) Кто из вас за́втра _____ в Москву́ (полета́ть, полете́ть)?

4) Он бро́сился в во́ду и _____ (попла́вать, поплы́ть) вперёд.

5) Уже́ 8 часо́в и мне на́до _____ (пойти́, походи́ть) в шко́лу.

11. 在空白处填上适当的前缀，注意前缀所表达的意义。

1) Ве́чером мы _____ шли из до́ма и _____ шли в кино́.

2) Ма́ма _____ шла ко мне и спроси́ла, «Что с тобо́й?»

3) Не _____ йди́те от больно́го. За ним на́до уха́живать.

4) Когда́ я _____ ехал до ста́нции, по́езд уже́ _____ ехал.

5) На у́лице мно́го маши́н. Анна осторо́жно (小心地) _____ хо́дит у́лицу.

6) Михаи́л неда́вно _____ ехал из Москвы́ и ещё не привы́к к пого́де Шанха́я.

7) Я _____ шла всю доро́гу и не уви́дела кни́жный магази́н.

8) _____ ходи́! Я не хочу́ тебя́ ви́деть.

9) _____ ходи́те к нам в го́сти.

10) У нас нет хле́ба. Мне на́до _____ ходи́ть в магази́н.

12. 用适当的前置词填空，将括号里的词变成所需的形式。

1) Ма́ша прие́хал _____ (институ́т) на авто́бусе.

2) Ива́н вы́шел _____ (заво́д) и пошёл _____ (по́чта).

3) Шайхай – краси́вый го́род. Приезжа́йте _____ (мы) в Шанха́й!

4) Маши́на переезжа́ет _____ (мост).

5) Я слы́шу, как брат подхо́дит_____ (дом).

6) Я отошла́ _____ (окно́). Там шу́мно.

7) Интерне́т уже́ вошёл _____ (на́ша жизнь).

8) Я не мог споко́йно пройти́ _____ (па́мятник 纪念碑) геро́ям.

9) Мы дошли́ до _____ (ста́нция) метро́ пешко́м.

10) Он уе́хал _____ (Москва́) _____ (Владивосто́к).

13. 翻译句子。

1) 我现在乘坐地铁出发去学校，要经过九站才能到地铁"大学生站"。
   _____

2) 李明走近老奶奶，然后帮助她过马路。
   _____

3) 她路过了书店，但忘了买需要的书。
   _____

4) 当我走进教室的时候，唐娜正在看俄语书。
   _____

5) 我问遍了所有认识的人。
   _____

6) 北京是我们国家的首都，我下个月要去北京旅游。
   _____

7) 我们来电影院来早了，就在电影院旁边的小花园顺便走走。
   _____

8) 下班回家路上我要顺路去一趟商店买食物。
   _____

9) 上海正举办博览会，世界各地的人都汇聚到了这里。
   _____

10) 这学期临近尾声，马上要考试了。
   _____

УРОК 5

 **言语礼仪** **Речево́й этике́т**

I. 建议

У меня́ предложе́ние: дава́й (те) 我有一个建议：让我们一起……

Не хоти́те ли вы ... 您是否想……

Не согласи́тесь ли вы ... 您是否同意……

Не пойти́ ли нам ... 我们去……吧，怎么样？

А не зайти́ ли нам ... 我们顺路去一下，怎么样？

II. 对建议的应答

Я (не)
- согла́сен .   我（不）同意。
- возража́ю.   我（不）反对。
- про́тив (э́того). 我（不）反对。

Что вы (ты)! 哪能啊（亏你想得出）！

Договори́лись! 说定了。

对话 **Диало́ги**

1. – Де́ти! Не хоти́те ли вы сего́дня поздра́вить ба́бушку и де́душку с Но́вым го́дом?

   – Коне́чно, с удово́льствием! А они́ пода́рят нам «хонба́о» （红包）?

2. – Молодо́й челове́к, здра́вствуйте! Не согласи́тесь ли вы отве́тить на не́сколько вопро́сов?

   – Е́сли э́то не займёт мно́го вре́мени, то не возража́ю.

3. – Ле́на, не зайти́ ли нам в кафе́? Ко́фе о́чень хо́чется! Ты не про́тив?

   – Хорошо́! Дава́й зайдём. Я то́же хочу́ ча́шечку ко́фе.

4. – Ната́ша, не хо́чешь ли ты со мной вме́сте встреча́ть Но́вый год?

   – С удово́льствием! А где? У тебя́ есть иде́и?

   – Мне нра́вится встреча́ть Но́вый год в дере́вне, потому́ что там мно́го ро́дственников и всегда́ ве́село. Ты не про́тив?

   – Что ты! Коне́чно, не про́тив! Мы е́дем к тебе́ в дере́вню!

5. – Ма́ма, у меня́ предложе́ние: дава́й укра́сим на́шу кварти́ру к пра́зднику Весны́!

   – Согла́сна! Мо́жно накле́ить на две́ри па́рные на́дписи с пожела́ниями благополу́чия и сча́стья.

   – А ты не хо́чешь накле́ить плака́т с изображе́нием Драко́на? Ведь Драко́н бу́дет гла́вным живо́тным в сле́дующем году́?

   – То́же непло́хо!

НОВЫЕ СЛОВА

благополу́чие 平安；安宁

драко́н 龙

ведь (语) 要知道

договори́ться (II) [完] // [未]
договáриваться (I) (о чём) 商定；约定

зайти́ (I) [完] // [未] заходи́ть (куда́)
顺便去

éсли (连) 如果

живо́тное (中) 动物，畜类

изображéние 绘画；图形

накле́ить (II) [完] // [未] накле́ивать (I)
(что) 粘贴

на́дпись (阴) 题词；题字

па́рный 成双的，一对的

плака́т 宣传画

пожела́ние 愿望

про́тив (谓) 反对 (前) (кого́-чего́) 反对；

对着；正对面

ро́дственник 亲戚

сле́дующий 下一个的

согла́сный (с кем-чем) 同意的；赞同
……意见

согласи́ться (II), -шу́сь, -си́шься, -ся́тся
[完] // [未] соглаша́ться (I) (с кем-чем)
同意

укра́сить (II), -ра́шу, -ра́сишь, -ра́сят
[完] // [未] украша́ть (I) (кого́-что,
чем) 装饰，点缀

ча́шечка 小碗，小杯

хоте́ться (无人称，第一、二人称不用),
хо́чется；хоте́лось [未] // [完]
захоте́ться, захо́чется；захоте́лось
想，想要

练习 ▶ Упражне́ния

1. 记住下列词组。

пра́здник Весны́	春节
па́рные на́дписи	对联
пожела́ние сча́стья и благополу́чия	祝福平安与幸福
сле́дующий год	明年

2. 掌握下述词汇的用法。

A. 朗读并翻译右列句子。

накле́ивать – накле́ить (что, куда́)	• Мо́жно накле́ить на две́ри па́рные на́дписи с пожела́ниями благополу́чия и сча́стья.
соглаша́ться – согласи́ться (с кем-чем, + инф.)	• Молодо́й челове́к, здра́вствуйте! Не согласи́тесь ли вы отве́тить на не́сколько вопро́сов?
согла́сен (с кем-чем, + инф.)	• Ты согла́сен пое́хать с на́ми в дере́вню?
договáриваться – договори́ться (с кем, о чём)	• Договори́лись!

заходи́ть – зайти́ (куда́, с кем-чем)
хоте́ться (чего, + инф.)
про́тив (кого́-чего́)

украша́ть – укра́сить (кого́-что, чем)
е́сли ..., то ...

- Ле́на, не зайти́ ли нам в кафе́? Ко́фе о́чень хо́чется!
- Ты не про́тив?
- Что ты! Коне́чно, не про́тив!
- Дава́й укра́сим на́шу кварти́ру к пра́зднику Весны́!
- Если э́то не займёт мно́го вре́мени, то не возража́ю.

Б. 用上述左列词汇的适当形式填空。

1) Уме́ешь ли ты _____ карти́ну _____ (бума́га)?

2) Ма́ша, _____ э́ту ма́рку (邮票) _____ (конве́рт) (信封).

3) _____ (кто) вы _____ пое́хать в Пеки́н?

4) Они́ до́лго спо́рили и, наконе́ц, _____.

5) Ни́на Ива́новна, _____, пожа́луйста, _____ (шко́ла) по́сле рабо́ты, мне ну́жно поговори́ть с ва́ми об учёбе ва́шего сы́на.

6) Встань про́тив _____ (со́лнце), фотогра́фия полу́чится отли́чная!

7) Кто «за»? Кто «_____»?

8) Лю́ди уже́ _____ (цветы́) це́нтр го́рода.

9) _____ на (у́лица) не идёт дождь, _____ иди́ гуля́ть.

10) Ма́льчику _____ домо́й.

В. 词义辨析。

согласи́ться – соглаша́ться   согла́сен – согла́сна – согла́сны

1) Ви́ктор пригласи́л меня́ в теа́тр. Что мне де́лать, _____ и́ли нет?

2) На́дя сказа́ла пра́вду, нельзя́ с ней не _____.

3) Никола́й предложи́л пойти́ к нему́ посмотре́ть его́ но́вую кварти́ру. Я, коне́чно, сразу́ _____.

4) Не могу́ _____, что э́тот челове́к – хоро́ший рабо́тник.

5) Я не _____ с тем, что вы де́лаете.

6) Мне не нра́вится, что вы говори́те, и я с ва́ми не _____.

7) _____ ли вы с тем, что ру́сский язы́к – краси́вый язы́к?

8) Мы _____ пое́хать вме́сте в Большо́й теа́тр.

3. 选用适当的动词填空。

идти́ – пойти́   заходи́ть – зайти́

1) – Ли́лия, _____ с на́ми на конце́рт?

 – Коне́чно, _____ вме́сте!

2) – Куда́ вы _____?

 – Мы _____ в па́рк.

3) – Когда́ ты ходи́ла на по́чту?

 – Когда́ я _____ домо́й, я _____ на по́чту.

4) Когда́ мы _____ в кино́ вчера́, вдру́г _____ до́ждь, и мы _____ в ближа́йший магази́н.

5) По́сле обе́да я пошёл в па́рк. Па́рк нахо́дится недалеко́ от на́шего до́ма, поэ́тому я _____ пешко́м. По доро́ге я реши́л _____ к своему́ дру́гу и пригласи́ть его́ с собо́й.

6) За́втра я реши́ла _____ к тёте Ане – я давно́ не была́ у неё.

хоте́ть – хоте́ться (мне хо́чется, мне хоте́лось бы)

1) – Что ты _____? Ко́фе и́ли во́ду?

2) – Мне _____ пельме́ней.

3) Я о́чень _____ уви́деть свои́ми глаза́ми то, о чём чита́л в кни́гах.

4) Мне _____ заня́ть ко́мнату, кото́рая выхо́дит о́кнами на юг.

4. 将括号中的中文译成俄语。

1) – У меня́ есть биле́ты на бале́т «Дон Кихо́т». (你是否想去 _____)?

 – С удово́льствием пойду́. А когда́?

 – В воскресе́нье. В семь бу́ду ждать тебя́ у теа́тра.

 – (说定了_____).

2) – Ната́ша, (你是否同意我的观点 _____), что весна́ – са́мое хоро́шее вре́мя го́да в Москве́?

 – Нет, коне́чно, (我不同意 _____). Са́мое хоро́шее вре́мя в Москве́ – э́то о́сень.

3) – Ли Хон, мы в Москве́ уже́ ме́сяц, а ещё не́ бы́ли ни в одно́м моско́вском теа́тре. (我们去 _____)

 Сего́дня в Большо́й теа́тр?

 – (行啊 _____).

А биле́ты мы ку́пим? Посмотри́ в Интерне́те.

4) – Андре́й Миха́йлович, я хочу́ испо́льзовать в презента́ции ва́ши фотогра́фии. Они́ мне
о́чень нра́вятся. (您不反对吧 _____
_____)?

– Коне́чно, (不反对 _____),
пожа́луйста.

5) – Ребя́та, (我有个建议 _____):
за́втра пое́дем за́ город!

– (赞成 _____).
Когда́ встреча́емся?

– В полови́не восьмо́го.

– (说定了 _____)。

6) – Ребя́та, (你们是否同意去 _____
_____) в Санья́? Ведь дом моего́ дя́ди пря́мо на мо́ре. Мы бу́дем купа́ться ка́ждый день.

– (当然同意啦 _____)!
Пое́хали!

5. 根据所给情节利用下列礼貌用语编对话。

1) Ско́ро бу́дут ле́тние кани́кулы, вы предлага́ете друзья́м пое́хать куда́-нибу́дь на экску́рсию.

2) Молоды́е лю́ди хотя́т пое́хать в Диснейле́нд в воскресе́нье. Како́й разгово́р у них получи́лся?

3) В музе́е устра́ивают вы́ставку япо́нских карти́н. Пригласи́те свою́ подру́гу и́ли своего́ дру́га
пое́хать туда́ вме́сте.

У меня́ предложе́ние.	Не хоти́те ли вы ...	Не согласи́тесь ли ...	Я согла́сен (а) ...
Я не возража́ю ...	Не пое́хать ли нам ...	Что вы (ты)!	Договори́лись!

6. 翻译下列句子。

1) 节日前工人们用彩灯装饰了宿舍。

_____

2) 孩子们渴望去三亚过寒假。

_____

3) 学校对面新建了一座图书馆。

_____

4) — 安德烈，想不想和我一起去西安过春节？

——————————————————————————————

— 当然想啦，谢谢你的邀请，就这么说定了。

——————————————————————————————

5) — 如果下雪了，天气不会很冷。

——————————————————————————————

— 我不同意你的观点，在南方，天冷了才会下雪。

——————————————————————————————

6) — 我们可否顺路去一下书店？我需要买本汉俄大字典。

——————————————————————————————

— 行呀，我也需要去买一些书。

——————————————————————————————

7. 按示例完成对话后练习。

– Приве́т, Тан Нин!

– Приве́т, Хайбо́! Как дела́?

– У меня́ всё хорошо́. А у тебя́?

– У меня́ то́же всё хорошо́.

– Как ты провёл зи́мние кани́кулы?

– Отли́чно! Мы с роди́телями е́здили в Наньто́н к ба́бушке и де́душке. А чем ты занима́лся на кани́кулах?

– Я был до́ма. Смотре́л телеви́зор, гуля́л. Как ты встре́тил Но́вый год?

– Очень ве́село. Мы ходи́ли в го́сти. А ты?

– То́же ве́село. К нам приходи́ли го́сти.

– Что тебе́ подари́ли на Но́вый год?

– Мне подари́ли телефо́н но́вой моде́ли (新款手机). А тебе́?

– Мне подари́ли де́ньги. Хочу́ купи́ть но́утбук (笔记本电脑).

– Здо́рово. Я люблю́ Но́вый год.

– Я то́же люблю́. Ну, пока́!

– До встре́чи!

1) Каки́е пра́здники вам нра́вятся бо́льше и почему́ (дома́шние, шко́льные, пра́здники в кругу́ друзе́й)?

2) Что вы бо́льше лю́бите: са́ми пра́здники и́ли подгото́вку к ним? Почему́?

中国智慧：金句表达

苟日新、日日新、又日新。

(《习近平谈治国理政》第三卷，第399页)

Если удалось однажды добиться прогресса, то старайся постоянно прогрессировать и делать это все более основательно.

(«Си Цзиньпин о государственном управлении» III, стр. 593)

课文  Текст

Пра́здник Весны́ – мой са́мый люби́мый пра́здник

Я о́чень люблю́ зи́мние кани́кулы, потому́ что в э́то вре́мя мы встреча́ем Но́вый год и́ли пра́здник Весны́. Это са́мый гла́вный и са́мый ва́жный кита́йский пра́здник. А ещё он са́мый дли́нный. Но́вый год начина́ется в пе́рвый день пе́рвого ме́сяца по лу́нному календарю́ и зака́нчивается пятна́дцатого числа́. И, коне́чно, э́то семе́йный пра́здник, поэ́тому ка́ждый челове́к до́лжен прие́хать домо́й на нового́дний у́жин.

Пе́ред пра́здником дома́ и у́лицы украша́ются нового́дними кра́сными фона́риками и кра́сными плака́тами с изображе́нием живо́тного э́того го́да. На воро́та и две́ри домо́в накле́ивают па́рные на́дписи на кра́сной бума́ге с пожела́ниями благополу́чия и сча́стья. Кра́сный цвет – гла́вный цвет пра́здника: он прино́сит уда́чу.

В кану́н Но́вого го́да вся семья́ собира́ется за бога́тым пра́здничным столо́м. Но есть традицио́нные блю́да, кото́рые обяза́тельно должны́ быть на столе́. Пре́жде всего, э́то ры́бные блю́да, потому́ что сло́во «ры́ба», «уи», в кита́йском языке́ звучи́т, как сло́во «избы́ток» (余). Друго́е популя́рное блю́до – это кита́йские пельме́ни «дяодзы́» (饺子).

Кита́йцы ве́рят, что е́сли съесть мно́го пельме́ней, то таки́м о́бразом они́ привлеку́т благополу́чие, и у них бу́дет мно́го де́нег в но́вом году́.

В нового́днюю ночь лю́ди не спят. Счита́ется, что е́сли челове́к не спит до утра́ и не чу́вствует уста́лости, в но́вом году́ у него́ бу́дет кре́пкое здоро́вье и мно́го эне́ргии. Когда́ но́вый год наступи́л, все запуска́ют фейерве́рки.

В пе́рвый день Но́вого го́да поздравля́ют родны́х и друзе́й. По́сле за́втрака по ста́рому обы́чаю все чле́ны семьи́ должны́ поклони́ться портре́там пре́дков, кото́рые вися́т на стена́х до́ма. Зате́м ста́ршие име́ют пра́во сесть и принима́ть поздравле́ния от молоды́х. Обы́чно ста́ршее поколе́ние да́рит молоды́м де́ньги в кра́сных конве́ртах «хонба́о». Кста́ти, «хонба́о» мо́жно отпра́вить че́рез ме́ссенджер WeChat.

Когда́ лю́ди гуля́ют и встреча́ют на у́лице знако́мых, то обы́чно они́ говоря́т друг дру́гу: «Счастли́вого Но́вого го́да!» и́ли «Жела́ю вам быть бога́тым!»

Пятна́дцатый день Но́вого го́да – э́то Пра́здник фонаре́й. В э́тот день семья́ собира́ется за у́жином, а пото́м идёт любова́ться кита́йскими фона́риками.

Обы́чно мы с роди́телями е́здим к ба́бушке и де́душке в дере́вню (они́ живу́т о́коло го́рода Наньту́н). Мне нра́вится встреча́ть Но́вый год в дере́вне, потому́ что там мно́го ро́дственников и всегда́ ра́достная нового́дняя атмосфе́ра.

НОВЫЕ СЛОВА

атмосфе́ра 气氛

бога́тый 丰富的

до́лжен *(с инф.)* 应该

дли́нный 长的

зака́нчиваться (I) [未] // [完] зако́нчиться
  (II) (只用第三人称) 结束

запуска́ть (I) [未] // [完] запусти́ть,
  -пущу́, -пу́стишь, -пу́стят (что) (II)
  发射，投掷

звуча́ть (II) [未] 发出声响；充满（某种
  声音）；听起来（像）

избы́ток 剩余；充足

кану́н （节日的）前一天

в кану́н （пред）*(чего)* 在……的前夕

конве́рт 信封

кре́пкий 健壮的；结实的

кста́ти （插）顺便，顺带

лу́нный 月亮的

любова́ться (I), -бу́юсь, -бу́ешься,
  -бу́ются [未] *(кем-чем)* 欣赏

ме́ссенджер （外来词）短信

ме́сяц 月，月份

о́браз 方式，方法；容貌，外观

обы́чай 习惯，习俗

отпра́вить (II), -влю, -вишь, -вят [完] //
  [未] отправля́ть (I) *(кого-что)* 发送

пельме́ни （复）, -ей 饺子

поколе́ние 代，辈；一代人

поклони́ться (II) [完] // [未] кланя́ться (I)
(кому́-чему́) 鞠躬；致意

популя́рный 普及的

портре́т 肖像

пра́во 权；法（律）

пре́док 祖先，先人

пре́жде （前）(кого́-чего́) 在……之前；
先于……（副）以前，早先

привле́чь (I), -леку́, -лечёшь, -леку́т [完]
// [未] привлека́ть (кого́-что, к кому́-
чему́) 吸引

приноси́ть (II), -ношу́, -но́сишь, -но́сят
[未] // [完] принести́ (I), -несу́, -несёшь,
-несу́т (кого́-что) 拿来，送来

ра́достный 高兴的

ры́бный 鱼的

семе́йный 家庭的

спать(II), -плю, -пишь, -пят; [未] 睡觉

ста́рший 年长的

счита́ться (I) [未] 认为，算是

число́ 数；日，号

член 成员，成份

чу́вствовать (I), -вую, -вуешь, -вуют [未]
(кого́-что) 感受到

уда́ча 顺利，成功

уста́лость (阴) 疲劳，疲倦

фейерве́рк 焰火

фона́рик 灯笼

эне́ргия 精力，能量

练习 ▶ **Упражне́ния**

8. 记住下列词组。

зи́мние кани́кулы	寒假
Но́вый год	新年
лу́нный календа́рь	阴历
нового́дний у́жин	年夜饭
кра́сный фона́рик	红灯笼
приноси́ть уда́чу	带来好运
кану́н Но́вого го́да	除夕夜
традицио́нное блю́до	传统菜肴
пре́жде всего́	首先
таки́м о́бразом	以此方式
популя́рное блю́до	大众菜肴
есть пельме́ни	吃饺子
ста́рый обы́чай	旧习俗

чле́ны семьи́	家庭成员
поклони́ться портре́там пре́дков	祭拜祖先像
име́ть пра́во	有权
принима́ть поздравле́ния от молоды́х	接受年轻人的祝福
ста́ршее поколе́ние	前辈
ме́ссенджер WeChat	微信
наступа́ющий год	来年，新年
запуска́ть фейерве́рки	放烟火

9. 掌握下述积极词汇的用法。

A. 朗读并翻译右列句子。

зака́нчиваться – зако́нчиться (на чём, когда́)	• Но́вый год зака́нчивается пятна́дцатого числа́.
запуска́ть – запусти́ть (что)	• Когда́ но́вый год наступи́л, все запуска́ют фейерве́рки.
звуча́ть (как, что)	• Сло́во «ры́ба» («yu»), в кита́йском языке́ звучи́т, как сло́во «избы́ток».
любова́ться (кем-чем)	• В э́тот день семья́ собира́ется за у́жином, а пото́м идёт любова́ться кита́йскими фона́риками.
отпра́вить (что, куда́)	• «Хонба́о» мо́жно отпра́вить че́рез популя́рный ме́ссенджер We Chat.
привле́чь (кого́-что, к кому́-чему́)	• Кита́йцы ве́рят, что таки́м о́бразом они́ привлеку́т благополу́чие и мно́го де́нег в но́вом году́.
до́лжен (+инф.)	• Но есть традицио́нные блю́да, кото́рые обяза́тельно до́лжны быть на столе́.

Б. 用上述左列词汇的适当形式填空。

1) Óчень жаль, что кани́кулы ско́ро _____.

2) Собра́ние _____ к ве́черу.

3) Когда́ Кита́й _____ космона́втов (宇航员) на Луну́?

4) Над реко́й _____ му́зыка.

5) Лю́ди гуля́ют на у́лице и _____ пра́здничными фона́риками.

6) Пря́мо из до́ма дя́ди Ва́ни мо́жно _____ мо́рем.

7) Наш институ́т _____ не́которых студе́нтов в Росси́ю учи́ться.

8) Учи́тель Ван хорошо́ зна́ет, как _____ дете́й к себе́.

9) Конце́рт Лан Лан _____ мно́го люби́телей му́зыки.

10) Друзья́ _____ бы́ли поéхать на экску́рсию вчера́.

B. 翻译下列句子，注意黑体词的用法。

1) После за́втрака по ста́рому обы́чаю все чле́ны семьи́ должны́ **поклони́ться** портре́там пре́дков, кото́рые вися́т на стена́х до́ма.

2) **Поклони́тесь**, пожа́луйста, ва́шим роди́телям от меня́.

3) Он мне да́же не **поклони́лся**.

4) **Счита́ется**, что е́сли челове́к не спит до утра́ и не **чу́вствует** уста́лости, в но́вом году́ у него́ бу́дет кре́пкое здоро́вье и мно́го эне́ргии.

5) Ви́ктор **счита́ется** хоро́шим врачо́м.

6) Анто́н не пойдёт в кино́, потому́ что он пло́хо себя́ **чу́вствует**.

7) Ты **чу́вствуешь** арома́т цвето́в в саду́?

8) По́сле до́лгой пое́здки студе́нты уже́ не **чу́вствуют** са́ми себя́ от уста́лости.

10. 根据词义将括号里的词变成适当的形式，并在需要的地方添加前置词。

1) Но́вый год начина́ется _____ (пе́рвый день) пе́рвого ме́сяца _____ (лу́нный календа́рь) и зака́нчивается пятна́дцатого числа́.

2) Ка́ждый челове́к до́лжен прие́хать домо́й _____ (нового́дний у́жин).

3) _____ (пра́здник) до́ма и у́лицы украша́ются _____ (нового́дний кра́сный фона́рики и кра́сные плака́ты) _____ (изображе́ние) живо́тного э́того го́да.

4) _____ (воро́та и две́ри) домо́в наклеива́ют па́рные на́дписи _____ (кра́сная бума́га) _____ (пожела́ния) благополу́чия и сча́стья.

5) _____ (Тако́й о́браз) они́ привлеку́т благополу́чие и мно́го де́нег в но́вом году́.

6) _____ (за́втрак) _____ (ста́рый обы́чай) все чле́ны семьи́ должны́ поклони́ться портре́там пре́дков, кото́рые вися́т _____ (сте́ны) до́ма.

7) Зате́м ста́ршие име́ют пра́во сесть и принима́ть поздравле́ния _____ (молоды́е).

8) Кста́ти, «хонба́о» мо́жно отпра́вить _____ (ме́ссенджер) We Chat.

9) _____ (э́тот день) семья́ собира́ется _____ (у́жин), а пото́м идёт любова́ться _____ (кита́йские фона́рики).

11. 将括号中的中文译成俄语。

1) Пра́здник Весны́ (是中国最重要的节日 _____
_____).

2) Пра́здник Весны́ – это семе́йный пра́здник, поэ́тому (每个人都应该回家吃年夜饭 _____
_____).

3) Кра́сный цвет пра́здника (带来好运 _____
_____).

4) Вся семья́ собира́ется за бога́тым пра́здничным столо́м (在大年夜 _____
_____).

5) На пра́здничном столе́ обяза́тельно должны́ быть (传统中国菜 _____
_____).

6) Ры́ба и пельме́ни на столе́ (带来财富和平安 _____
_____).

7) По́сле за́втрака по ста́рому обы́чаю все чле́ны семьи́ должны́ (对祖先遗像进行祭拜 _____
_____).

8) Обы́чно ста́ршее поколе́ние да́рит молоды́м (红包 _____
_____).

9) В нового́днюю ночь лю́ди не спят, что́бы (在新的一年身体健康，精力充沛 _____
_____).

10) В пе́рвый день Но́вого го́да все (向亲人和朋友拜年 _____
_____).

12. 按示例学习日期表达。

> *Образец*   Но́вый год начина́ется в пе́рвый день пе́рвого ме́сяца по лу́нному календарю́ и
> зака́нчивается пятна́дцатого числа́.

1) Зи́мние кани́кулы начина́ются _____,
зака́нчиваются _____.

2) Ле́тние кани́кулы начина́ются _____,
зака́нчиваются _____.

3) Уче́бный год начина́ется _____,
зака́нчивается _____.

4) Междунаро́дный фестива́ль сне́га и льда начина́ется _____,
зака́нчивается _____.

13. 翻译下列句子。

1) 在你这儿，我总感觉就像是在家里。

_____

2) 我们班的学生应该都会去参加晚会。

_____

3) 星期天风和日丽，许多孩子在公园里放风筝。

_____

4) 父母一般通过微信转钱给在日本学习的儿子。

_____

5) 伊万喜欢海，喜欢长久地坐在海边欣赏大海。

_____

14. 按课文回答问题。

1) Когда́ кита́йский Но́вый год начина́ется и когда́ он зака́нчивается?

2) Почему́ ка́ждый челове́к до́лжен прие́хать домо́й на Но́вый год?

3) Как украша́ются дома́ и у́лицы пе́ред пра́здником в Кита́е?

4) Почему́ кра́сный цвет – гла́вный цвет пра́здника?

5) Каки́е блю́да обяза́тельно должны́ быть на пра́здничном столе́? Почему́?

6) Объясни́те ста́рый кита́йский обы́чай: что де́лает семья́ по́сле нового́днего у́жина?

7) Почему́ лю́ди не спят в нового́днюю ночь?

8) Что говоря́т кита́йцы, когда́ они́ встреча́ют знако́мых на у́лице в пе́рвый день Но́вого го́да?

9) Что де́лают кита́йцы на пятна́дцатый день Но́вого го́да? Что они́ пра́зднуют?

10) Почему́ Тан Ни́ну нра́вится встреча́ть пра́здник Весны́ в дере́вне? А вам? Вам нра́вится встреча́ть пра́здник Весны́ в дере́вне? Почему́?

15. 根据课文内容续完句子。

1) а. Я о́чень люблю́ зи́мние кани́кулы, потому́ что _____.

б. И, коне́чно, это семе́йный пра́здник, поэ́тому _____.

2) а. Пе́ред пра́здником дома́ и у́лицы украша́ются _____.

б. Кра́сный цвет – гла́вный цвет пра́здника: _____.

3) а. В кану́н Но́вого го́да вся семья́ _____.

б. Но есть традицио́нные блю́да _____.

в. Кита́йцы ве́рят, что _____.

4) а. В нового́днюю ночь _____.

б. Счита́ется, что _____.

в. Когда́ но́вый год наступи́л _____.

5) а. В пе́рвый день Но́вого го́да _____.

б. По́сле за́втрака по ста́рому обы́чаю _____.

в. Зате́м ста́ршие име́ют пра́во _____.

6) В пятна́дцатый день Но́вого го́да _____.

7) Мне нра́вится встреча́ть Но́вый год в дере́вне, потому́ что _____.

16. 看图写话。

А. 分别写出描写上述情景的词汇：

    а. пе́ред пра́здником:

    б. в кану́н Но́вого го́да:

    в. в пе́рвый день Но́вого го́да:

    г. в пятна́дцатый день Но́вого го́да:

Б. 你眼里的春节是怎样的？选择适当词汇进行描述。

Но́вый год – это са́мый (гла́вный, краси́вый, ва́жный, дли́нный, вку́сный, кре́пкий, ра́достный, кра́сный, тёплый, шу́мный, весёлый, семе́йный, коро́ткий, энерги́чный, лу́нный, дру́жный, настоя́щий, де́тский) пра́здник.

В. 利用整理的词汇，写短文《我爱春节》。

17. 借助字典阅读短文，并完成短文后的练习。

НО́ВЫЙ ГОД В РОССИ́И

В Дре́вней Руси́ но́вый год встреча́ли как пра́здник весны́, и он начина́лся в ма́рте. В 1700 году́ по реше́нию царя́ Петра́ I Росси́я ста́ла пра́здновать Но́вый год, как в Евро́пе, – 1 января́.

Си́мволом нового́днего пра́здника в Росси́и явля́ется ёлка. Традицио́нные геро́и Но́вого го́да – Дед Моро́з и Снегу́рочка. Счита́ется, что Дед Моро́з пришёл в Росси́ю из Герма́нии. Он всегда́ прино́сит мно́го пода́рков. Снегу́рочка – э́то вну́чка Де́да Моро́за, она́ помога́ет ему́ проводи́ть нового́дний пра́здник, она́ же и хозя́йка нового́днего пра́здника.

У ру́сских есть така́я приме́та: как Но́вый год встре́тишь, так и проведёшь весь год. Поэ́тому и́менно э́тот пра́здник все хотя́т встре́тить осо́бенно ве́село и ра́достно.

А начина́ется пра́здник с того́, что по́здним ве́чером (часо́в в 10) 31 декабря́ лю́ди собира́ются за пра́здничным столо́м. Снача́ла провожа́ют ста́рый год и вспомина́ют всё хоро́шее, что бы́ло в э́том году́. Все ждут полуно́чи – «12-ти».

И вот кремлёвские часы́ (по телеви́дению) бьют 12, все традицио́нно открыва́ют шампа́нское, поздравля́ют друг дру́га, жела́ют здоро́вья, сча́стья, уда́чи в но́вом году́. И обяза́тельно зага́дывают жела́ние, кото́рое должно́ испо́лниться в наступа́ющем году́.

Обы́чно лю́ди всю ночь не спят. Прекра́сная ёлка, бога́тый пра́здничный стол, все пою́т, танцу́ют, выхо́дят на у́лицу, ра́дуются зиме́, пра́зднику, устра́ивают фейерве́рк.

У ру́сских, как и во всём ми́ре, в Но́вый год да́рят пода́рки, осо́бенно де́тям.

Пра́здник продолжа́ется не́сколько дней. Лю́ди хо́дят друг к дру́гу в го́сти, поздравля́ют всех друзе́й и знако́мых по телефо́ну, для дете́й устра́иваются специа́льные пра́здники – «ёлки».

Но́вый год – весёлый, ра́достный пра́здник, оди́н из са́мых популя́рных пра́здников в Росси́и.

Что пра́вильно, а что – нет?

а. В Дре́вней Ру́си Но́вый год счита́лся пра́здником весны́.   (   )

б. Си́мвол Но́вого го́да – ёлка.   (   )

в. Традицио́нные геро́и Но́вого го́да – Дед Моро́з и Снегу́рочка.   (   )

г. Дед Мороз пришёл в Росси́ю из Англии.   (   )

д. Есть така́я приме́та: «Как встре́тишь Но́вый год, так и проведёшь весь год».   (   )

е. Ру́сские садя́тся за стол в полови́не двена́дцатого и пьют за Но́вый год.   (   )

ё. Ро́вно в 12 мо́жно загада́ть жела́ние, кото́рое должно́ испо́лниться в но́вом году́.   (   )

ж. Обы́чно лю́ди ложа́тся спать вско́ре по́сле 12.   (   )

з. Пода́рки на Новый год да́рят то́лько де́тям.   (   )

и. Пра́здник дли́тся не́сколько дней.   (   )

к. Для дете́й устра́иваются специа́льные де́тские пра́здники – «ёлки».   (   )

语法 Грамма́тика

I. 数量数词及顺序数词的构成

数词是表示事物的数量、顺序的词类。数词根据意义和语法特征可以分为数量数词和顺序数词。

俄语中共有 39 个基本数量数词，它与其顺序数词的对应关系如下所示：

	数量数词	顺序数词
1	оди́н (одна́, одно́, одни́)	пе́рвый
2	два (две)	второ́й
3	три	тре́тий
4	четы́ре	четвёртый

	数量数词	顺序数词
5	пять	пя́тый
6	шесть	шесто́й
7	семь	седьмо́й
8	во́семь	восьмо́й
9	де́вять	девя́тый
10	де́сять	деся́тый
11	оди́ннадцать	оди́ннадцатый
12	двена́дцать	двена́дцатый
13	трина́дцать	трина́дцатый
14	четы́рнадцать	четы́рнадцатый
15	пятна́дцать	пятна́дцатый
16	шестна́дцать	шестна́дцатый
17	семна́дцать	семна́дцатый
18	восемна́дцать	восемна́дцатый
19	девятна́дцать	девятна́дцатый
20	два́дцать	двадца́тый
30	три́дцать	тридца́тый
40	со́рок	сороково́й
50	пятьдеся́т	пятидеся́тый
60	шестьдеся́т	шестидеся́тый
70	се́мьдесят	семидеся́тый
80	во́семьдесят	восьмидеся́тый
90	девяно́сто	девяно́стый
100	сто	со́тый
200	две́сти	двухсо́тый
300	три́ста	трёхсотый
400	черы́реста	четырёхсотый
500	пятьсо́т	пятисо́тый
600	шестьсо́т	шестисо́тый
700	семьсо́т	семисо́тый
800	восемьсо́т	восьмисо́тый
900	девятьсо́т	девятисо́тый
1,000	ты́сяча	ты́сячный
1,000,000	миллио́н	миллио́нный
1,000,000,000	миллиа́рд	миллиа́рдный

数词根据结构可分为简单数词、复合数词和合成数词。

简单数词由一个词根构成，如：один, пять, сто, пе́рвый, пя́тый, со́тый 等；

复合数词由两个词根构成，如：оди́ннадцать, два́дцать, оди́ннадцатый, двадца́тый 等；

合成数词由两个或两个以上简单数词或复合数词组合而成，如：

101	сто оди́н
第一百零一	сто пе́рвый
53	пятьдеся́т три
第五十三	пятьдеся́т тре́тий
2021	две ты́сячи два́дцать оди́н
第二千零二十一	две ты́сячи два́дцать пе́рвый

注：1. 俄语中任何一个数量都可以通过以上 39 个数词 (ты́сяча, миллио́н, миллиа́рд 也可作为名词) 表示，如：245 (две́сти со́рок пять)，12,245 (двена́дцать ты́сяч две́сти со́рок пять)，6 亿 5 千万 (шестьсо́т пятьдеся́т миллио́нов)，50 亿 (пять миллиа́рдов)。

    2. 俄语中没有汉语中的"万""亿"，而用 де́сять ты́сяч（一万）、сто ты́сяч（十万）、де́сять миллио́нов（一千万）、сто миллио́нов（一亿）表示。

II. 年、月、日的表达法

1. 表示"在某年"用前置词 в+ 第六格，回答 когда́? 和 в како́м году́? 的问题，如：

在 1997 年　в ты́сяча девятьсо́т девяно́сто седьмо́м году́

在 2000 年　в двухты́сячном году́

В э́том году́ Тан Нин поступи́л в университе́т иностра́нных языко́в.

今年唐宁考入了外国语大学。

Всеми́рная вы́ставка ЭКСПО успе́шно проходи́ла в Шанха́е **в 2010 году́**.

上海在 2010 年成功举办了世博会。

2. 表示"在某月"用前置词 в+ 第六格，回答 когда́? 和 в како́м ме́сяце? 的问题，如：

在这个月　в э́том ме́сяце　　　　在上个月　в про́шлом ме́сяце

在下个月　в бу́дущем ме́сяце　　在一月　в январе́　　　　　　在六月　в ию́не

（十二个月份：янва́рь, февра́ль, март, апре́ль, май, ию́нь, ию́ль, а́вгуст, сентя́брь, октя́брь, ноя́брь, дека́брь）

Но́вый уче́бный год начина́ется **в сентябре́**.

新的学年开始于 9 月份。

В декабре́ про́шлого го́да мы е́здили в Санья́ и купа́лись в мо́ре.

去年 12 月我们去了趟三亚并在海里游了泳。

В э́том ме́сяце мы бу́дем встреча́ть Но́вый год.

这个月我们将迎接新年。

3. 表示"在某日（在几号）"，用顺序数词和名词（числó）的第二格表示，回答 когда?
和 какóго числá? 的问题，在句中做状语，如：

– Когдá мы вернёмся в Шанхáй?

— 我们什么时候回上海？

– 24-ого (числá) э́того мéсяца.

— 本月24日。

表示"是某日"时，"日"用第一个顺序数词中性（可省去 числó 一词），回答 какóе
числó? 的问题，在句中做主语，如：

Вчерá бы́ло вторóе октября́. 昨天是 10 月 2 日。

月、日或者年、月、日连用时，"月"和"年"用第二格，放在"日"的后面，如：

А.С. Пýшкин роди́лся **6-ого ию́ня 1799 гóда.**

普希金出生于 1799 年 6 月 6 日。

15-ое октября́ 2003 гóда – это день, когдá Ян Ливэ́й полетéл в кóсмос.

2003 年 10 月 15 日是杨利伟飞向太空的日子。

4. 表示"在某日（星期几）"用前置词 в+ 第四格，回答 когда? 和 в какóй день? 的问
题，如：

В суббóту мы поéдем в Храм Конфýция.

星期六我们要去夫子庙。

Антóн сказáл, что **в пя́тницу** он приготóвит обéд.

安东说，星期五由他来做饭。

一周内的七天分别为：

понедéльник – в понедéльник	втóрник – во втóрник	средá – в срéду
четвéрг – в четвéрг	пя́тница – в пя́тницу	суббóта – в суббóту
воскресéнье – в воскресéнье		

注：день 的搭配比较复杂，如：в э́тот день, в пéрвый день, в э́ти дни, в выходны́е дни;
  而 на вторóй день, на трéтий день, на слéдующий день, на днях（前几天；最近几
  天内）。

Нóвый год начинáется **в пéрвый день пéрвого мéсяца** по лýнному календарю́ и
закáнчивается **пятнáдцатого числá.**

新年开始于农历一月一日，结束于十五日。

В э́ти дни я óчень зáнят, я придý к вам **на днях.**

这几天我很忙，过几天我去你那儿。

练习 **Упражнéния**

1. 用俄语读出下列数词。

52	101	288	394	469	577	985
1022	1993	2025	4356	6328	8684	9999
20005	33146	432678	555769	657492	898932	1001019

89087841   1000457829   5234980134   6786060109   10120944688

2. 将下列词组译成俄语。

第十二天

_____

第四十栋大楼

_____

第七十八本书

_____

八零年代

_____

第一百零三封信

_____

第一千零一夜

_____

1999 年

_____

2000 年

_____

2023 年

_____

2006 年 5 月 12 日

_____

1989 年 10 月 1 日

_____

3. 将括号内的词译成俄语，必要时加前置词。

1) Тепéрь _____ (2024, год).

2) Моя́ мать родилáсь _____ (1993, год).

3) _____ (1945, год) был го́дом побе́ды кита́йского наро́да над япо́нским фаши́змом (日本法西斯).

4) Мы поступи́ли в университе́т _____ (2025, год) и око́нчим его́ (2029, год).

5) _____ (э́тот, год) моему́ отцу́ бу́дет 44 го́да.

6) _____ (2012, год) был Го́дом тури́зма Кита́я и Росси́и (中俄旅游年).

7) _____ (бу́дущий, год) на́ши студе́нты пое́дут учи́ться в Москву́.

8) _____ (про́шлый, год) меня́ перевели́ рабо́тать в Шанха́й.

4. 将括号内的月份名称译成俄语，必要时加上前置词。

1) Ле́тние ме́сяцы – э́то

_____ (六月、七月、八月).

2) Зи́мние ме́сяцы – э́то

_____ (十二月、一月、二月).

3) Са́мые лу́чшие ме́сяцы в году́ – э́то

_____ (三月、四月、五月).

4) Са́мые краси́вые ме́сяцы в году́ – э́то

_____ (九月、十月、十一月).

5) Пра́здник Весны́ у кита́йцев быва́ет

_____ (二月).

6) У студе́нтов бу́дут экза́мены

_____ (一月和六月).

7) (五月) _____

мно́го пра́здников.

8) Мы познако́мились с Татья́ной

_____ (上个月).

9) Они́ реши́ли пое́хать в Росси́ю

_____ (下个月).

10) Мой день рожде́ния бу́дет

_____ (这个月).

5. 回答问题。

    А. 用括号内的词回答下列问题。

        1) Како́е сего́дня число́? (25 января́)

        2) Како́е число́ бы́ло вчера́? (24 января́)

        3) Како́е число́ бу́дет за́втра ? (26 января́)

        4) Когда́ (Како́го числа́) начина́ются заня́тия в шко́ле? (пе́рвое сентября́)

        5) Когда́ (Како́го числа́) роди́лся А.С.Пу́шкин? (шесто́е ию́ня)

        6) Когда́ (Како́го числа́) пра́зднуют Рождество́ в Евро́пе? (два́дцать пя́тое декабря́) А в Росси́и? (седьмо́е января́)

        7) Когда́ (Како́го числа́) ваш дя́дя прие́хал к вам? (два́дцать тре́тье ноября́)

        8) Когда́ (Како́го числа́) у вас бу́дет конце́рт? (четвёртое а́вгуста)

    Б. 按实际回答下列问题。

        1) В како́м году́ вы научи́лись пла́вать, ката́ться на велосипе́де, прочита́ли пе́рвую кни́гу, зако́нчили шко́лу?

        2) Когда́, в како́м году́ вы ку́пите маши́ну, постро́ите дом, жени́тесь (вы́йдете за́муж)?

        3) Когда́, в како́м году́ вы пое́дете путеше́ствовать по Кита́ю? А по Росси́и?

        4) Когда́, в како́м году́ вы бу́дете говори́ть по-ру́сски без словаря́?

6. 将括号内的年月日形式译成俄语。

    1) Это случи́лось _____ (2001 年 1 月 1 日).

    2) _____ (去年 9 月 9 日) бы́ло о́чень тепло́.

    3) Мой друг уе́хал в По́льшу _____ (2020 年 3 月 3 日).

    4) После́дний раз я её ви́дел _____ (1999 年 12 月 8 日).

    5) Мы с Ни́ной Петро́вой познако́мились ещё _____ (2008 年 8 月 15 日).

    6) _____ (2021 年 2 月 19 日) моему́ дя́де испо́лнилось 40 лет.

    7) Кита́йская Наро́дная Респу́блика была́ осно́вана _____ (1949 年 10 月 1 日).

    8) Лу Синь роди́лся _____ (1881 年 9 月 25 日) и сконча́лся _____ (1936 年 10 月 19 日).

УРОК 6

言语礼仪 **Речево́й этике́т**

赞叹

对话 **Диало́ги**

课文 **Текст**

Чай «Коло́дец Драко́на»

语法 **Грамма́тика**

单部句

 **言语礼仪** **Речево́й этике́т**

赞叹

Как хорошо́! 真好啊！

Прекра́сно! 太棒了！

Замеча́тельно! 完美！

Это доставля́ет мне большо́е удово́льствие. 这让我感到非常高兴。

对话 **Диало́ги**

1. – Прекра́сно, что, наконе́ц, пришла́ весна́!

   – Да, как хорошо́. Сейча́с мо́жно одева́ться поле́гче.

2. – Как замеча́тельно в лесу́ о́сенью!

   – Да, жёлтые ли́стья лежа́т на земле́, как ковёр.

   – Кака́я хоро́шая пого́да!

   – О, да! Прекра́сная!

   – В таку́ю пого́ду хорошо́ сходи́ть на о́зеро!

   – Прекра́сная мысль!

3. – Па́па, я купи́л тебе́ молодо́й чай! Наде́юсь, что тебе́ понра́вится.

   – Да?! А како́й чай?

   – Я вчера́ е́здил на экску́рсию в Ханчжо́у и на ча́йной планта́ции и купи́л чай Лунцзи́н.

   – Замеча́тельно! Пить Лунцзи́н всегда́ доставля́ет мне удово́льствие! А что интере́сного бы́ло на экску́рсии?

   – Я уви́дел, как растёт чай, как его́ собира́ют. Да, я ещё принима́л уча́стие в ча́йной церемо́нии.

   – Экску́рсия тебе́ понра́вилась?

   – Коне́чно, э́то была́ замеча́тельная пое́здка!

НОВЫЕ СЛОВА

доставля́ть (I) [未] // [完] доста́вить (II), доста́влю, доста́вишь, доста́вят 致使，给……带来

покупа́ть (I) [未] // [完] купи́ть (II), куплю́, ку́пишь, ку́пят 买，购买

мысль [阴] 念头，想法

надéяться (I) [未] // [完] понадéяться 期望，指望

наконéц [副] (用作插入语) 究竟，到底，简直是

óзеро [复] озёра 湖，湖泊

плантáция 种植园，种植场

поéздка (乘车、马、船等) 出门，外出；短期旅行

расти́ (I), -ту́, -тёшь, -ту́т [未] // [完] вы́расти 生长；长大；增强；有进步

собирáть (I) [未] // [完] собрáть (I), -беру́, -берёшь, -беру́т 采，摘，收割；收集

учáстие 参加，参与

церемóния 仪式；礼节

чáйный 茶的；喝茶的

练习 ▶ **Упражнéния**

1. 朗读并记住下列词组。

молодóй чай	嫩茶
чáйная плантáция	茶园
принимáть учáстие	参加
достáвить удовóльствие	获得快乐、满足
чáйная церемóния	茶道
собирáть чай	采茶

2. 掌握下述词汇的用法。

А. 朗读并翻译右列句子。

доставля́ть – доста́вить (кого-что)	• Пить Лунцзи́н всегда́ доставля́ет мне удово́льствие!
надéяться – понадéяться (на кого-что, что …)	• Надéюсь, что тебé понрáвится.
расти́ – вы́расти	
собирáть – собрáть (кого-что)	• Я уви́дел, как растёт чай, как его́ собира́ют.

Б. 用上述左列词汇的适当形式填空。

1) Игру́шки всегда́ _____ (дéти) большу́ю ра́дость.

2) В день образова́ния КНР, 1 октября́, все у́лицы больши́х городо́в украша́ют пы́шными цвета́ми, что _____ (лю́ди) большо́е удово́льствие.

3) Мы _____ (больно́й) в больни́цу.

4) Этот ма́льчик _____ в счастли́вой семьé.

129

5) Ван Лин, ты говори́шь по-ру́сски и мо́жешь быть перево́дчиком, мы о́чень _____ (твоя́ по́мощь).

6) Без вас мы не мо́жем _____ на (успе́х).

7) Анто́н и Са́ша _____ в дере́вне, они́ хорошо́ зна́ют дереве́нскую жизнь.

8) Я о́чень _____, что всё бу́дет хорошо́.

9) Здесь кли́мат хоро́ший, и дере́вья бы́стро _____.

10) Ми́ша рассказа́л нам, как пра́вильно _____ (грибы́) в лесу́.

В. 翻译下列句子，注意黑体词的用法。

1) Она сиде́ла за столо́м и **с больши́м удово́льствием** смотре́ла, как игра́ют де́ти.

2) Встре́чи с профе́ссором, уча́стие в диску́ссиях с ним **доставля́ли всем студе́нтам большо́е удово́льствие**.

3) Он **получа́л большо́е удово́льствие** от рабо́ты над но́вой кни́гой.

4) Свое́й игро́й кита́йский пиани́ст Ланг Ланг **доста́вил слу́шателям большо́е удово́льствие**.

5) Он **с больши́м удово́льствием** остава́лся вечера́ми до́ма, но ещё с бо́льшим удово́льствием пошёл бы на свида́ние.

3. 词义辨析。

одева́ть – одева́ться

1) Ма́ма _____ ребёнка в пальто́.

2) На у́лице о́чень хо́лодно, на́до _____ потепле́е.

3) Когда́ ты зако́нчишь _____, мы сразу́ пойдём в кино́.

4) Зима́ _____ поля́ сне́гом.

5) Он встал и на́чал _____.

собира́ть   собра́ть – собира́ться   собра́ться

1) Ива́н с де́тства на́чал _____ ма́рки.

2) Все но́вые студе́нты _____ в большо́й све́тлой аудито́рии.

3) За́втра Никола́й лети́т в Москву́. Он уже́ _____ большо́й чемода́н.

4) Все дета́ли бы́ли гото́вы, оста́лось то́лько _____ их.

ста́вить   поста́вить – доставля́ть   доста́вить

1) Она́ _____ цветы́ в ва́зу.

2) Я купи́ла оде́жду онла́йн и мне _____ зака́з на́ дом.

3) Ну́жно расписа́ться в докуме́нте, а зате́м _____ печа́ть.

4) Этот спекта́кль _____ нам огро́мное удово́льствие.

4. 将括号中的中文译成俄语。

1) За́втра мы пойдём в зоопа́рк. (希望明天会是好天气 _____

_____).

2) Спортсме́н заболе́л, поэ́тому он не (参加 _____

_____) в соревнова́ниях.

3) Мы вам купи́ли пода́рок. (希望您能喜欢 _____

_____).

4) Вчера́ мы слу́шали конце́рт класси́ческой му́зыки. Этот конце́рт (给我们带来愉悦 _____

_____).

5) Студе́нты (收集资料 _____

_____) и гото́вятся к презента́ции.

5. 学习课文中的句型，用括号中的词组替换造句。

1) Прекра́сно, что пришла́ весна́!

(вы сда́ли экза́мен, вы говори́те по-ру́сски, Миша и Анна приеха́ли к нам в го́сти)

2) В таку́ю пого́ду хорошо́ сходи́ть на о́зеро.

(отдыха́ть до́ма, гуля́ть в па́рке, пла́вать в о́зере)

3) Жёлтые ли́стья лежа́т на земле́, как ковёр.

(Время лети́т, как стрела́; Он бежи́т бы́стро, как ве́тер)

6. 根据所给情节，用课文中的句型编对话。

1) Зима́ пришла́, вы предлага́ете друзья́м поката́ться на лы́жах.

2) Вы с друзья́ми в весе́ннем па́рке. Что вам нра́вится? Какой разгово́р ме́жду ва́ми произойдёт?

3) По прогно́зу пого́ды ско́ро бу́дет дождь, а брат собира́ется идти́ гуля́ть. Что вы ска́жете бра́ту? А что предло́жите?

4) Никола́й был в Кита́е и привёз ма́ме в пода́рок зелёный чай. Како́й разгово́р состои́тся ме́жду ма́мой и Никола́ем?

7. 翻译下列句子。

1) 今天夏天我去了杭州旅游，参观了茶园，观看了茶道表演。

_____

2) 这是我送你的礼物——嫩茶，希望你能喜欢。

3) 我看到姑娘们是怎样在茶园里采茶的。

4) 旅行总是能带给人快乐。

5) 安东和萨沙是从小一起在农村长大的。

6) 我参加了足球比赛并取得了好成绩。

中国智慧：金句表达

坚持美人之美，美美与共。

（《习近平谈治国理政》第三卷，第 469 页）

Надо восхищаться красотой других цивилизаций и стремиться к общему процветанию разных цивилизаций.

(«Си Цзиньпин о государственном управлении» III, стр. 691)

课文 Текст

Чай «Коло́дец Драко́на»

Мой оте́ц роди́лся недалеко́ от го́рода Ханчжо́у в прови́нции Чжэцзя́н. С де́тства я слу́шал его́ расска́зы о знамени́том зелёном чае Лунцзи́н: об исто́рии ча́я, о том, как его́ собира́ют и, коне́чно, леге́нды о знамени́том Коло́дце драко́на. Кста́ти, «Коло́дец драко́на» – э́то второ́е назва́ние ча́я Лунцзи́н.

Отец с детства приучил меня пить Лунцзин и всегда говорил, что у чая неповторимый вкус, тонкий аромат, он очень полезен. Мы всегда заваривали чай в специальной стеклянной посуде и наблюдали, как «танцуют» красивые чайные листья.

На прошлой неделе я и мои друзья решили поехать на экскурсию в город Ханчжоу, а также добраться до чайной плантации и увидеть своими глазами, как растёт знаменитый китайский чай.

Таксист довёз нас до чайной плантации Лун У к холмам, где растёт чай. Мы стали подниматься по холму вверх. Перед нами открылся прекрасный вид: вокруг было море чая, а недалеко были видны доиа деревни Мэйцзияу. День был тёплый и солнечный. Мы много гуляли, сделали прекрасные фотографии, а потом решили спуститься в деревню.

Деревня Мэйцзияу нас удивила. Люди живут здесь в современных четырёхэтажных домах. Во дворах под деревьями стоят столы, где можно посидеть, отдохнуть и, конечно, выпить чаю. Горожане часто приезжают сюда отдыхать. Я купил 200 грамм чая для моего отца и представлял, как он будет рад такому подарку.

В город мы возвращались на автобусе. Но наш «чайный день» не закончился. В Ханчжоу мы зашли в Китайский национальный музей чая.

В зале истории мы узнали, что чай собирается и обрабатывается вручную, что позволяет достичь высочайшего качества. Это физически очень тяжело и требует большого терпения. Чтобы получить один килограмм чая, нужно собрать более 50,000 побегов. Собирать урожай начинают в конце марта или начале апреля. Первый сбор считается самым вкусным: в этот период молодые побеги особенно нежные.

Разбогатевшие жители деревень уже не занимаются сбором чая, только пожилые женщины иногда выходят на плантации, чтобы не сидеть дома. Зарплата сборщиков чая постоянно растёт, но найти рабочие руки не так просто.

В музее можно увидеть около 300 сортов чая изо всех уголков земного шара и, конечно, принять участие в чайной церемонии. На выходе из музея мы сфотографировались возле статуи Лу Юя – знаменитого чайного мастера.

Вот такой замечательный день мы провели в Ханчжоу – китайской столице чая.

арома́т 香气；芬芳

вверх [副] 向上，往上

ви́дный 可以看见的

во́зле [前] (кого-чего) 在……旁边

вкус 味道

вручну́ю [副] (用) 手工

горожа́нин [复] -а́не, -а́н 市民，城里人

добира́ться (I) [未] // [完] добра́ться (I),
-беру́сь, -берёшься, -беру́тся (до кого́-
чего́) （好不容易）达到，做到，
弄明白

довози́ть (II), -вожу́, -во́зишь, -во́зят [未]
// [完] довезти́ (I), -зу́, -зёшь, -зут
运到，送到

достига́ть [未] // [完] дости́чь (I), -и́гну,
-и́гнешь, -и́гнут (чего) 到达；达到
（某种程度）

драко́н 龙

зава́ривать (I) [未] // [完] завари́ть (II)
(что) 泡；煮；烫

зарпла́та 工资

земно́й 地球的；地上的

ка́чество 质量

коло́дец 井，水井

ма́стер [复] -а́ 技师，行家

не́жный 细嫩的，细弱的

пери́од 时期，期间

побе́г 嫩芽

посу́да 器皿，容器

прови́нция 省

леге́нда 传说

наблюда́ть (I) (кого-что, за кем-чем) [未]
观看

назва́ние 名称

неповтори́мый 独一无二的，独特的

обраба́тываться (I) [未] // [完]
обрабо́таться (I) 加工好

поле́зный 有益的，有用的

постоя́нно 经常地

приуча́ть (I) [未] // [完] приучи́ть (II)
(кого-что к чему 或接不定式) 使……
养成习惯

разбогате́вший 发财的、致富的

сбор 收集、采集

сбо́рщик 采集人

сорт 等级；品种

специа́льный 专门的；特别的

спуска́ться (I) [未] // [完] спусти́ться (II),
-ущу́сь, -у́стишься, -у́стятся 下来，走
下去

ста́туя 雕像，塑像

стекля́нный 玻璃的

такси́ст 出租车司机

терпе́ние 忍耐，耐心

то́нкий 清纯的

тре́бовать (I) -бую, -буешь, -буют [未] //
[完] потре́бовать (II) 要求，需要

уголо́к 角落

урожа́й 收成；丰收

физи́чески 体力（上）地

холм 小山

четырёхэта́жный 四层楼的

练习 ▶ **Упражне́ния**

8. 朗读并记住下列词组。

Коло́дец драко́на	龙井
неповтори́мый вкус	独特口味
то́нкий арома́т	清香
ча́йные ли́стья	茶叶
поднима́ться вверх	往上爬
зава́ривать чай	泡茶
обраба́тываться вручну́ю	手工加工
дости́чь высоча́йшего ка́чества	达到最高质量
тре́бовать большо́го терпе́ния	需要很大的耐心
сбор чая	采茶
земно́й шар	地球
столи́ца ча́я	茶都

9. 掌握下述词汇的用法。

А. 朗读并翻译右列句子。

добира́ться – добра́ться (до кого́-чего́)	• На про́шлой неде́ле я и мои́ друзья́ реши́ли пое́хать на экску́рсию в го́род Ханчжо́у, а та́кже добра́ться до ча́йной планта́ции.
довезти́ – довози́ть (кого́-что)	• Такси́ст довёз нас до ча́йной планта́ции Лун У к холма́м, где растёт чай.
дости́чь – достига́ть (чего́)	• ... чай собира́ется и обраба́тывается вручну́ю, что позволя́ет дости́чь высоча́йшего ка́чества.
приуча́ть – приучи́ть (кого́-что)	• Оте́ц с де́тства приучи́л меня́ пить Лунцзи́н ...
тре́бовать – потре́бовать (кого́-чего́)	• Это физи́чески о́чень тяжело́ и тре́бует большо́го терпе́ния.

Б. 用上述左列词汇的适当形式填空。

1) Наконе́ц мне удало́сь _____ до верши́ны горы́.

2) Профе́ссия учи́теля тре́бует от челове́ка не то́лько больши́х зна́ний, но и постоя́нного развви́тия.

3) Наро́д на́шей страны́ _____ больши́х успе́хов в после́дние го́ды.

4) Эта маши́на не рабо́тает и она́ _____ ремо́нта.

5) _____ нас до аэропо́рта Пуду́н, пожа́луйста.

6) Роди́тели должны́ с де́тства _____ ребёнка к поря́дку.

7) Как вы _____? Благополу́чно?

8) Маши́на _____ нас до вокза́ла.

9) В конце́ перегово́ров о́бе сто́роны _____ соглаше́ния.

10) Что́бы _____ свое́й це́ли, на́до упо́рно рабо́тать.

10. 词义辨析。

приуча́ть   приучи́ть – учи́ть

1) Ма́ма _____ дете́й к труду́.

2) Жизнь _____ нас, что на́до бере́чь вре́мя.

3) Я жил в Сиби́ри уже́ год и реши́л, что _____ себя́ к хо́лоду не то́лько мо́жно, но и ну́жно.

4) Мне на́до _____ но́вые слова́ на па́мять.

довезти́   довози́ть – довести́   доводи́ть

1) Трамва́й _____ нас до пло́щади.

2) Учи́тель _____ шко́льников до аудито́рии.

3) Мы уже́ _____ това́ры до магази́на на маши́не.

4) В после́дние го́ды мы уже́ _____ желе́зную доро́гу до уе́зда.

11. 翻译括号内的词组。

1) (从小 _____)
я слу́шал его́ расска́зы о знамени́том зелёном ча́е Лунцзи́н.

2) У ча́я Лунцзи́н есть (独特口味和清香 _____
_____).

3) Мы всегда́ зава́ривали чай в (专门的玻璃茶具 _____
_____).

4) Мы уви́дели (亲眼 _____),
как растёт знамени́тый кита́йский чай.

5) В музе́е мо́жно уви́деть о́коло 300 сорто́в ча́я (从世界各地 _____
_____).

12. 将括号中的词变成所需形式，如有需要，则加上所需前置词。

1) В музе́е мо́жно уви́деть о́коло 300 сорто́в ча́я _____ (все уголки́) земно́го ша́ра и, коне́чно, приня́ть уча́стие _____ (ча́йная церемо́ния).

2) Таксист довёз нас _____ (чайная плантация) Лун У _____ (холмы), где растёт чай.

3) В зале истории мы узнали, что чай собирается и обрабатывается вручную, что позволяет достичь _____ (высочайшее качество).

4) Мы стали подниматься _____ (холм) вверх.

5) Это физически очень тяжело и требует _____ (большое терпение).

13. 翻译下列句子。

1) 出租车师傅将我送到了上海图书馆。
   _____

2) 只有努力学习才能实现自己的目标。(достичь)
   _____

3) 工人要求提高工资。(требовать)
   _____

4) 我们终于回到了家。(добраться)
   _____

5) 茶叶经由手工采摘加工而成。
   _____

6) 我们坐车来到了位于中国茶叶之都——杭州的茶园。
   _____

7) 我喜爱观赏茶道表演，品尝来自世界各地的茶叶。
   _____

14. 按课文回答问题。

1) Что такое Колодец Дракона? Когда и где вы узнали о нём?

2) Почему отец Тан Нина любит чай Лунцзин?

3) Куда Тан Нин с друзьями поехал на экскурсию?

4) Что ребята в чайной плантации делали?

5) Почему после чайной плантации «чайный день» не закончился?

6) Что друзья узнали в чайном музее?

7) Почему жители деревень уже не занимаются сбором чая?

8) Кто такой Лу Юй? Почему ему около музея поставлен памятник?

15. 根据提纲复述课文。

1) С де́тства Тан Нин слу́шал от отца́ о зелёном ча́е Лунцзи́н: вкус, арома́т, краси́вые ли́стья, чай поле́зен.

2) На про́шлой неде́ле Тан Нин и его́ друзья́ добра́лись до ча́йной планта́ции: поднима́ться по холму́ вверх, мо́ре ча́я, спусти́ться в дере́вню, посиде́ть под дере́вьями, вы́пить ча́ю, купи́ть чай отцу́.

3) Друзья́ зашли́ в Кита́йский национа́льный музе́й ча́я: чай собира́ется и обраба́тывается вручну́ю, физи́чески тяжело́, тре́бовать большо́го терпе́ния, собира́ть урожа́й, пе́рвый сбор, зарпла́та растёт, рабо́чие ру́ки, о́коло 300 сорто́в ча́я, приня́ть уча́стие в ча́йной церемо́нии, ста́туя Лу Юя.

16. 回答下列问题。

1) Како́й напи́ток вы лю́бите бо́льше всего́?

2) Лю́бите ли вы пить чай? Почему́?

3) Како́й чай вы предпочита́ете – зелёный или чёрный?

4) Каки́е сорта́ кита́йского ча́я вы мо́жете назва́ть?

5) Как вы дума́ете, что кита́йцы предпочита́ют пить: чай и́ли ко́фе?

6) А вы са́ми? Нра́вится ли вам пить ко́фе? Как ча́сто вы его́ пьёте?

17. 借助字典阅读短文，并完成短文后的练习。

Пьём чай по-ру́сски!

Са́мый ру́сский напи́ток – э́то, коне́чно, чай.

В Росси́и кита́йский чай впервы́е появи́лся в 1638 году́. В 1679 году́ Росси́я и Кита́й заключи́ли соглаше́ние о торго́вле ча́ем.

До середи́ны XIX ве́ка чай был дово́льно дороги́м напи́тком. Ситуа́ция измени́лась, когда́ была́ откры́та желе́зная доро́га. Перевози́ть чай по желе́зной доро́ге ста́ло дешёвле. Чай стал досту́пным для всех.

Что́бы пригото́вить чай, ста́ли испо́льзовать самова́р. Вме́сте с самова́ром появи́лись ча́йники для зава́рки ча́я.

Постепе́нно в Росси́и скла́дывался ча́йный этике́т. В ру́сском до́ме госте́й обы́чно угоща́ют ча́ем. «К ча́ю» на стол ста́вят пече́нье, варе́нье, конфе́ты, пря́ники, пиро́жные, потому́ что из-за стола́ лю́ди всегда́ должны́ встава́ть сы́тыми.

В э́том больша́я ра́зница ме́жду ру́сским и кита́йским чаепи́тием. Кита́йцы пьют чай, что́бы утоли́ть жа́жду, а ру́сские – что́бы утоли́ть го́лод.

Пригласи́ть кого́-то «зайти́ на чай» – зна́чит пригласи́ть бли́зких и́ли хорошо́ знако́мых людéй, чтóбы посидéть, поговорúть за чáем дóлго и не спешá.

Обы́чно рýсские пьют чай нéсколько раз в день. Иногдá вмéсто зáвтрака, обéда и́ли ýжина рýсские мóгут «перекусúть» и вы́пить чáю.

Сáмое люби́мое врéмя – э́то вечéрнее чаепи́тие дóма, когдá все члéны семьи́ собирáются за столóм и за чáем обсуждáют домáшние делá и послéдние нóвости.

Бóльше всегó рýсские пьют чёрный чай. Иногдá с лимóном и с сáхаром. Конéчно, есть люби́тели и зелёного чáя. Чай рáзных китáйских сортóв продаётся в специализи́рованных чáйных магази́нах. Там мóжно купи́ть Бай Ча (白茶 Бéлый чай); Люй Ча (绿茶 Зелёный чай); Хуан Ча (黄茶 Жёлтый чай); Хун Ча (红茶 Крáсный чай); Улýн (乌龙茶); Пуэр Ча (洱茶).

A. 选择正确的答案。

1) Впервы́е в Росси́ю китáйский чай попáл _____.

   А. в 1638 годý   Б. в 1683 годý   В. в 1738 годý

2) До середи́ны XIX вéка чай был _____.

   А. недороги́м напи́тком   Б. дороги́м напи́тком   В. дешёвым напи́тком

3) Завáрочный чáйник испóльзуют, чтóбы _____.

   А. кипяти́ть вóду   Б. пить чай   В. завáривать чай

4) «К чáю» на стол рýсские стáвят печéнье, варéнье и́ли конфéты, потомý что из-за столá лю́ди всегдá должны́ вставáть _____.

   А. весёлыми   Б. сы́тыми   В. отдохнýвшими

5) Рýсские пьют чай, чтóбы _____.

   А. утоли́ть жáжду   Б. утоли́ть интерéс   В. утоли́ть гóлод

6) Рýсские приглашáют «зайти́ на чай» чтóбы _____.

   А. познакóми́ться   Б. встрéтиться и поговори́ть   В. поýжинать

7) Обы́чно рýсские пьют чай _____.

   А. тóлько вéчером   Б. два рáза в день   В. нéсколько раз в день

Б. 将下列词与 «чай» 搭配组词。

ЧАЙ

пригото́вить   угощáть   зайти́   поговори́ть   пить   обсуждáть   купи́ть торт

В. 根据课文内容完成下列对话。

– Привéт, Натáша! Меня́ сегóдня пригласи́ли вéчером «на чай». Не хотéлось бы идти́ в гóсти с пусты́ми рукáми. Посовéтуй, что мне купи́ть?

– Обы́чно рýсские покупáют «к чáю» ...

***

– Како́е интере́сное сло́во «Само-ва́р». Что оно́ зна́чит?

– Сло́во «самова́р» состои́т из двух часте́й «сам» + «ва́рит». В самова́ре кипяти́ли ...

***

– Прочита́л интере́сную информа́цию. Ока́зывается, в ка́ждой стране́ есть свой национа́льный напи́ток. Вот как ты ду́маешь, како́й традицио́нный напи́ток у не́мцев, америка́нцев и ру́сских?

– О, это нетру́дно ...

Г. 情景对话：使用下列词句编对话。

Вы в гостя́х у ру́сских. Вас спра́шивает хозя́йка. Что бы вы отве́тили на э́ти вопро́сы? Соста́вьте ми́ни-диало́ги.

Испо́льзуйте: мне нра́вится; я люблю́; я предпочита́ю; обы́чно я; спаси́бо, доста́точно; е́сли мо́жно; всё вку́сно; _____

1) Вы предпочита́ете зелёный или чёрный?

2) Вы бу́дете с са́харом и́ли без са́хара?

3) Вам паке́тик или зава́рку?

4) Вам покре́пче?

5) Лимо́нчику?

6) Доба́вить?

7) Ещё ча́шечку?

语法 Грамма́тика

单部句 (Однососта́вные предложе́ния)

在现代俄语中，按照句子结构的分类原则，简单句可以分为双部句和单部句。

由主语和谓语两个主要成分构成的句子叫双部句 (двухсоста́вные предложе́ния)，只有一个主要句子成分构成的句子叫单部句。单部句可分为确定人称句、不定人称句、泛指人称句、无人称句、不定式句和称名句。

1. **确定人称句 (определённо-ли́чные предложе́ния)**

确定人称句中虽无主语，但其主要成分能明确指出行为的主体，它由动词的陈述式第一、第二人称或动词命令式表示，如：

Жела́ю тебе́ сча́стья, здоро́вья, успе́хов в учёбе!

祝你幸福、健康，学业上取得好成绩！

Дóбрый вéчер. Что **бýдете закáзывать**?

晚上好，您想点些什么呢?

Проходи́, пожáлуйста, **раздевáйся**!

请进，请把外套脱了吧。

Давáй поéдем зá город.

我们去郊外吧。

这种单部句与用人称代词 я, ты, мы, вы 作主语的双部句很近似，但意义不完全相同，前者突出行为意义，后者强调行为主体；前者常用于口语中，而后者常用于书面语。

2. 不定人称句 (неопределённо-ли́чные предложéния)

不定人称句的行为有主语，但它没有明确指出来。这种单部句中的主要成分由动词现在时、将来时或过去时的复数第三人称表示，如:

Вайтáнь **называ́ют** музéем междунарóдной архитектýры.

外滩被称为万国建筑博物馆。

В Харби́не зимóй ежегóдно **устрáивают** Междунарóдный фестивáль льда и снéга.

哈尔滨每年冬天举办国际冰雪节。

В течéние мнóгих лет в хрáме Конфýция **проводи́ли** импера́торские экзáмены.

多年来在孔庙一直举行科举考试。

这种单部句突出行为本身，不强调行为是谁发出的，因此句中的行为主体可能没有必要加以指明，或无法确定。

3. 泛指人称句 (обобщённо-ли́чные предложéния)

泛指人称句句中的主要成分一般用动词陈述式或单数第二人称命令式表示，其动作同样适合于或可能适合于任何人，如:

Бýдешь кни́ги чита́ть – **бýдешь** всё знать.

愿意读书，你就能了解一切。

Не дéлай други́м тогó, чегó себé не **жела́ешь**.

己所不欲，勿施于人。

Куй желéзо, покá горячó.

趁热打铁。

泛指人称句常用于谚语、格言中。这种单部句中的主要成分还可以用动词单、复数第一人称、复数第三人称或动词不定式表达，如:

Но лýчше оди́н раз **увидеть**, чем сто раз **услы́шать**.

百闻不如一见。

В лес дров **не во́зят,** в коло́дец воды́ **не льют.**

不要多此一举。

4. 无人称句 (безли́чные предложе́ния)

无人称句中的行为或状态与主体没有直接联系，是不以积极主体为转移的。这种单部句的主要成分可用无人称动词、谓语副词或这类词与动词不定式连用的词组以及 **быть** 的否定形式表达。

1) 无人称动词

Мне о́чень **хоте́лось** пое́хать на экску́рсию в Ханчжо́у.

我很想去杭州旅行。

Мне **нездоро́вится**.

我不舒服。

2) 谓语副词或谓语副词 + 动词不定式

В Харби́не о́чень **хо́лодно**.

哈尔滨很冷。

Ей бу́дет **прия́тно** услы́шать знако́мую му́зыку.

听到熟悉的音乐，她会很开心的。

Вам **ну́жно** лежа́ть в посте́ли, принима́ть лека́рство.

你应该卧床吃药。

3) **быть** 的否定形式

Свобо́дного сто́лика у нас сейча́с нет.

我们现在没有空桌子。

Ве́тра нет, и нет ни со́лнца, ни све́та, ни те́ни.

没有风，没有太阳，没有光亮，也没有影子。

5. 不定式句 (инфинити́вные предложе́ния)

不定式句通常表示应该、必须、可能、不可能以及绝对的命令等不同的情态意义。这种单部句的主要成分用动词不定式表示，如：

Скажи́те, пожа́луйста, как **попа́сть** в Ста́рый го́род?

请问，怎么去老城厢?

– Не **сходи́ть** ли нам туда́?

— 我们要不要去那一趟？

– Коне́чно, за́втра схо́дим.

— 当然，明天去。

Посторо́нним **не входи́ть**.

闲人莫入。

6. 称名句 (назывны́е предложе́ние)

称名句常用来描写事情的背景，指明事物、现象的存在。它的主要成分用名词第一格表示，句中可以有一致定语和非一致定语，但不能有状语，如：

Ию́ль. Жа́ркий день.

七月。炎热的一天。

Шесть часо́в утра́. Спорти́вная площа́дка.

早上六点钟。操场。

有些称名句带有指示语气词 вот 或 вон，如：

Вот на́бережная Вайта́нь.

这就是外滩。

练习 ▶ Упражне́ния

1. 指出下列句子，哪些是双部句，哪些是单部句，若是单部句，确定单部句的类型。

   1) Предлага́ю овощны́е сала́ты.

   2) Со́лнце я́ркое, снег та́ет, на дере́вьях появля́ются пе́рвые зелёные листо́чки.

   3) Могу́ та́кже посове́товать запечённую ры́бу с карто́фелем под майоне́зом.

   4) Во-пе́рвых, там отли́чно ко́рмят.

   5) О́сенью приро́да о́чень краси́вая.

   6) Пу́шкин писа́л са́мые краси́вые стихи́ о́сенью.

   7) Об э́том рома́не писа́ли в газе́тах.

   8) Везде́ у нас пою́т о на́шей вели́кой стране́.

2. 将下列双部句改为不定人称句。

   1) Вы зна́ете, что Нанки́н называ́ется го́родом шести́ дина́стий.

   2) Я уви́дел, как растёт чай, как сбо́рщики его́ собира́ют.

   3) Сбор урожа́я начина́ется в конце́ ма́рта и́ли нача́ле апре́ля.

   4) Что вчера́ ве́чером передава́ло ра́дио?

   5) Преподава́тель сказа́л нам, что за́втра у нас бу́дет экза́мен.

   6) Газе́ты пи́шут о церемо́нии откры́тия междунаро́дного кинофестива́ля.

   7) На сле́дующей неде́ле наш институ́т бу́дет устра́ивать спорти́вное соревнова́ние.

   8) В э́том магази́не продаю́тся разли́чные кни́ги и журна́лы.

3. 将下列泛指人称句译成相应的中文成语或俗语。

1) Не бу́дешь стара́ться учи́ться смо́лоду, пожале́ешь в ста́рости.

2) Терпе́ние и труд всё перетру́т!

3) По́сле де́ла за сове́том не хо́дят.

4) В Ту́лу – со свои́м самова́ром не е́здят.

5) Друзья́ познаю́тся в беде́, как зо́лото в огне́.

6) Сло́во не воробе́й: вы́летит – не пойма́ешь.

7) Что посе́ешь, то и пожнёшь.

8) Семь раз отме́рь, оди́н отре́жь.

9) Волко́в боя́ться – в лес не ходи́ть.

10) Два медве́дя в одно́й берло́ге не уживу́тся.

4. 说出下列无人称句中的主要成分。

1) Её тру́дно чем-нибудь удиви́ть.

2) У меня́ ещё не́ было вре́мени хорошо́ познако́миться с го́родом.

3) Здесь мо́жно отдыха́ть на траве́ и́ли занима́ться гимна́стикой тай-цзи.

4) Зимо́й быва́ет хо́лодно.

5) В ко́мнате всегда́ чи́сто и ую́тно.

6) За́втра у нас не бу́дет экза́мена.

7) Мне не спи́тся в э́той све́тлой и шу́мной ко́мнате.

8) Во двора́х под дере́вьями стоя́т столы́, где мо́жно посиде́ть, отдохну́ть и, коне́чно, вы́пить ча́ю.

5. 将下列句子译为无人称句。

1) 这里可以品尝到真正的俄式大餐。

2) 上海的九月份非常炎热。

3) 阅览室内禁止大声（гро́мко）说话。

4) 常言道，众口难调。

5) 做一公斤茶叶，需要采摘五万个嫩芽。

6) 今天我不舒服，想叫医生上门看病。

7) 你真的不想（хоте́ться）休息一会儿?

8) 我时冷时热，大概是生病了。

6. 将下列句子改为无人称句。

1) В Москве́ зима́ холо́дная, а ле́то жа́ркое.

2) Могу́ ли я заказа́ть две по́рции моро́женого?

3) Де́ти с больши́м трудо́м откры́ли тяжёлый я́щик (箱子).

4) Я чу́вствую си́льную боль в се́рдце.

5) Врачи́ не разреша́ют мне выходи́ть на у́лицу.

6) Сестра́ нездоро́ва, она́ не мо́жет ходи́ть на заня́тия.

7) Я хочу́ взять борщ со смета́ной, фи́рменный сала́т и жа́реное мя́со.

8) Ве́чер был интере́сный, и мои́ друзья́ о́чень ве́село провели́ его́.

7. 将下列句子改为不定式句。

1) Тебе́ на́до заказа́ть столо́к на трои́х.

2) В аудито́рии идёт уро́к, тебе́ нельзя́ говори́ть гро́мко на коридо́ре.

3) Я предлага́ю зайти́ в кни́жный магази́н, хорошо́?

4) Куда́ мы должны́ идти́? Что нам на́до де́лать?

5) По тра́вам нельзя́ ходи́ть.

6) Как мне мо́жно попа́сть в Наро́дный парк?

7) Ну́жно ли мне рассказа́ть ребя́там о том, что я ви́дел?

8) Нельзя́ балова́ть дете́й!

8. 用所学的各种单部句翻译下列句子。

1) 寒假来我们这儿吧，我保证会下很多场雪。

_____

2) 明天哈尔滨会很冷，零下 23 度，要穿暖和一点。

_____

3) 请允许我邀请您到我家做客。

_____

4) 这就是人民广场。人们在草地上休息，或打打太极拳。

_____

5) 三月。早春。树上长出了新叶。

_____

6) 这是一项复杂的工作，完成起来有困难。

_____

7) 深夜十二点。老师仍在窗边批改同学们的作业。

_____

8) 南京路被称为中国第一商业街。

_____

9) 现在可以通过二维码直接点单和付账，这很方便。

_____

10) 街上很安静，一个人也没有。

_____

УРОК **7**

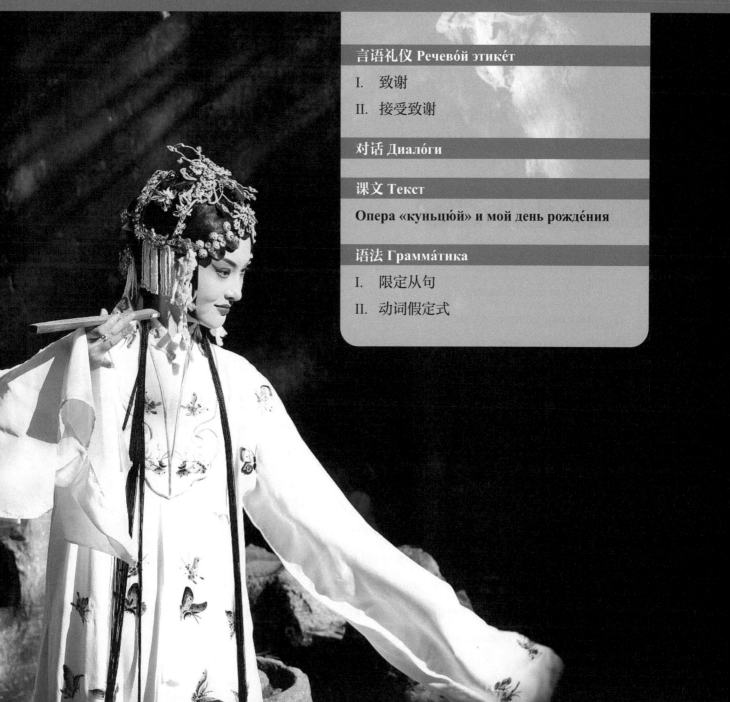

言语礼仪 **Речево́й этике́т**

I. 致谢

II. 接受致谢

对话 **Диало́ги**

课文 **Текст**

Опера «куньцю́й» и мой день рожде́ния

语法 **Грамма́тика**

I. 限定从句

II. 动词假定式

言语礼仪 **Речево́й этике́т**

I. 致谢

Я вам благода́рен (-рна) за (что). 为……我感谢您。

Разреши́те вы́разить вам мою́ благода́рность за (что). 请允许我表达对您的感谢之情。

II. 接受致谢

Не́ за что. 区区小事，何足挂齿。

Не сто́ит. 不用谢。

Не на́до меня́ благодари́ть. 不用谢！

Ну что ты (вы)! 瞧你说的！

对话 **Диало́ги**

1. – Большо́е спаси́бо.

   – Ну что вы! Не́ за что.

2. – Вот вам биле́т в теа́тр.

   – Благодарю́ вас.

   – Не сто́ит.

3. – Уважа́емая Ольга Андре́евна, разреши́те от и́мени выпускнико́в на́шей гру́ппы вы́разить вам огро́мную благода́рность за всё, что вы для нас сде́лали.

   – Большо́е вам спаси́бо за до́брые слова́, за то, что меня́ не забыва́ете. Жела́ю вам успе́хов в бу́дущей рабо́те!

4. – Тан Нин, тебе́ «Пио́новая бесе́дка» понра́вилась?

   – Коне́чно, Ван Ли! Я тебе́ о́чень благода́рен за тако́й сюрпри́з.

   – Действи́тельно, «куньцю́й» произво́дит глубо́кое впечатле́ние: мо́жно услы́шать не то́лько не́жное и прия́тное пе́ние, но и уви́деть краси́вые та́нцы.

   – Да, я убеди́лся, что «куньцю́й» – э́то колосса́льный сбо́рник кита́йского театра́льного, о́перного и танцева́льного иску́сства.

бесе́дка 亭子，凉亭

благода́рность 谢意，感激

благода́рный 感谢的，感激的

бу́дущий 未来的，以后的

впечатле́ние 印象，感觉

выпускни́к, -á 应届毕业生

выража́ть (I) [未] // [完] вы́разить, -ажу,
　　-азишь, -зят *(что)* 表现出，表露出

глубо́кий 深的，深厚的

забыва́ть(I) [未] // [完] забы́ть, -бу́ду,
　　-бу́дешь, -бу́дут *(кого-что, о ком-чём
　　или с инф.)* 忘记，忘却

колосса́льный 巨大的，庞大的

куньцю́й 昆曲

о́перный 歌剧的

пе́ние 唱；歌唱

пио́новый 牡丹的

производи́ть (I) [未], -вожу́, -во́дишь,
　　-во́дят // [完]произвести́, -веду́,
　　-ведёшь, -веду́т; -вёл, -вела́, -вели́
　　(что) 进行；引起；造成

сбо́рник 集，汇编

танцева́льный 跳舞的，舞蹈的

театра́льный 戏剧的；剧院的

убежда́ться (I) [未] // [完] убеди́ться,
　　жу́сь, -ди́шься, -дя́тся *(в чём 或连接词
　　что)* 坚信

уважа́емый 尊敬的，敬爱的

练习 ▶ **Упражне́ния**

1. 朗读并记住下列词组。

от и́мени *(кого-чего)* 代表，以……的名义

вы́разить *(кому)* огро́мную благода́рность *(за что)* 向……表达极大感谢之情

до́брые слова́ 善意的话语

забыва́ть меня́ 忘记我

Пио́новая бесе́дка 《牡丹亭》

производи́ть глубо́кое впечатле́ние 留下深刻的印象

не́жное и прия́тное пе́ние 温柔动听的歌声

колосса́льный сбо́рник кита́йского театра́льного, о́перного и танцева́льного иску́сства
中国戏剧、歌剧、舞蹈艺术的大汇集

2. 掌握下列词汇的用法。

A. 朗读并翻译右列句子。

| благодари́ть *(кого-что)* | | • Благодарю́ вас. |

выража́ть – вы́разить (что)	• Разреши́те от и́мени выпускнико́в на́шей гру́ппы вы́разить вам огро́мную благода́рность за всё, что вы для нас сде́лали.
забыва́ть – забы́ть (кого-что)	• Большо́е вам спаси́бо за до́брые слова́, за то, что меня́ не забыва́ете.
производи́ть – произвести́ (что)	• Действи́тельно, «куньцю́й» производи́т глубо́кое впечатле́ние.
убежда́ться – убеди́ться (в чём)	• Да, я убеди́лся, что «куньцю́й» – это колосса́льный сбо́рник кита́йского театра́льного, о́перного и танцева́льного иску́сства.

Б. 用上述左列词汇的适当形式填空。

1) Во время диску́ссий я всегда́ свобо́дно _____ своё мне́ние.

2) Не _____ то, что вы пообеща́ли.

3) От всей души́ _____ вас за по́мощь!

4) Мы _____ в необходи́мости чте́ния.

5) Ма́льчик _____ су́мку до́ма.

6) Я не могу́ _____ своё чу́вство слова́ми.

7) Когда́ инжене́р прове́рил това́р, он _____ в ка́честве това́ра.

8) На э́том зако́нчится моё выступле́ние. _____ за внима́ние.

9) Но́вый преподава́тель _____ на меня́ хоро́шее впечатле́ние.

В. 翻译下列句子，注意黑体词的用法。

1) Когда́ мы изуча́ем приро́ду глу́бже, мы **убежда́емся** в том, что всё в приро́де всегда́ свя́заны друг с дру́гом.

2) Мы **убеди́лись** в преиму́ществах социалисти́ческого стро́я на пра́ктике.

3) Посмотри́те и вы **убеди́тесь** свои́ми глаза́ми.

4) **Я убеди́лся** на своём о́пыте, что ты прав.

5) Про́шлое, е́сли его́ не **забыва́ть**, у́чит на бу́дущее.

6) Ни на мину́ту не **забыва́ть** исто́рию своего́ наро́да.

7) Он открове́нно **вы́разил** своё несогла́сие.

8) Наш заво́д **произво́дит** ка́чественные бума́ги и экспорти́рует в други́е стра́ны.

3. 词义辨析。

благодари́ть   благода́рность   благода́рный

1) Не зна́ю, как тебя́ _____ за по́мощь.

2) Вы сде́лали так мно́го для меня́. Я вам о́чень _____.

3) Наш преподава́тель получи́л _____ от прави́тельства за отли́чную рабо́ту.

4) Анто́н подари́л Ма́ше кни́гу в знак _____

5) Михаи́л помо́г Ни́не и Ни́на бро́сила на Михаи́ла _____ взгляд.

4. 按照示例用不同的句式完成句子，注意黑体词用法。

Образец **Благодарю́** вас за по́мощь.

Разреши́те мне вы́разить вам огро́мную **благода́рность** за ва́шу по́мощь.

Я вам о́чень **благода́рна** за ва́шу по́мощь.

Материа́л для спра́вки: тёплый приём; приглаше́ние; посеще́ние; ва́ша рабо́та; прекра́сный пода́рок; всё, что вы для нас сде́лали.

5. 将括号中的中文译成俄语。

1) Разреши́те мне (代表我们学校 _____

_____) приве́тствовать вас.

2) Уважа́емый врач, спаси́бо вам (代表所有病人 _____

_____)

3) Неда́вно я была́ в Москве́ и Москва́ (给我留下了深刻的印象 _____

_____).

4) У меня́ (这样的印象 _____

_____), что он хоро́ший па́рень.

5) Каково́ (您对电影的印象 _____

_____)?

6) Спаси́бо вам за (您为我做的一切 _____

_____)

7) (请允许我 _____

_____) предста́виться.

8) «Куньцю́й» произво́дит глубо́кое впечатле́ние: мо́жно услы́шать не то́лько (温柔动听的歌声 _____

_____), но и уви́деть (美丽的舞蹈 _____

_____).

9) Я (坚信 _____),

что всё бу́дет хорошо́.

10) Он хо́чет (表达自己的爱 _____

_____) к ней.

6. 按照示例扩展句子，并注意 всё 和 все 的用法。

Образец Уважа́емая О́льга Андре́евна, спаси́бо вам за **всё, что** вы для нас сде́лали.

1) Я вам сказа́ла всё, что _____.

2) Я об э́том сказа́ла всем, кто _____.

3) У меня́ есть всё, что _____.

4) Он прочита́л всё, что _____.

5) Шанха́й произво́дит глубо́кое впечатле́ние на всех, кто _____.

6) Я вы́разил благода́рность всем, кто _____.

7) Мы разгова́ривали обо всём, что _____.

7. 选择句子补完下列对话或句子。

Материа́л для спра́вки: А) Не́ за что.

Б) За всё, что де́лают для нас.

В) Нам то́же о́чень прия́тно быть здесь.

Г) Разреши́те мне вы́разить благода́рность от и́мени организа́тора за ва́ше уча́стие.

Д) Спаси́бо, что пришли́ встре́тить нас.

Е) Спаси́бо за приглаше́ние.

1) – За что вы говори́те спаси́бо?

– _____

2) – Извини́те. Вы – Джон Андерсо́н?

– Да.

– Я – Сюза́н Брукс.

– Здра́вствуйте!

– Здра́вствуйте! _____

– _____. Как прошёл полёт?

– Хорошо́. Спаси́бо. О, познако́мьтесь с мое́й сестро́й Тере́зой.

– Здра́вствуйте!

– Добро́ пожа́ловать в Ло́ндон. Мы о́чень вам ра́ды.

– Спаси́бо. _____

3) Уважа́емые колле́ги! Сего́дняшнее мероприя́тие посвящено́ тво́рчеству вели́кого кита́йского писа́теля Лу Си́ня. _____

4) – Для меня́ больша́я честь быть здесь. _____

– Мы ра́ды ва́шему прису́тствию.

8. 根据以下情景，用所学句型编对话。

1) Врач сде́лал вам опера́цию успе́шно.

2) Ста́рший брат помо́г вам реши́ть сло́жную зада́чу.

3) Вы прие́хали в Москву́ и ваш друг Анто́н горячо́ вас при́нял.

4) У вас день рожде́ния и ва́ши друзья́ подари́ли вам пода́рки.

5) Вас пригласи́ли на интере́сную вы́ставку.

9. 翻译下列句子。

1) 请允许我代表我们班级表达对您的感谢之情。

_____

2) 我感谢您为我做的一切。

_____

3) 上海给我留下了深刻的印象，我不会忘记这座城市。

_____

4) 我坚信，他会成为一名优秀的翻译。

_____

5) 我无法用语言表达自己对您的感激之情。

_____

6) 我的爸爸是一位工程师，他所在的工厂生产机器。

_____

7) 我确信房间里没有人。

_____

8) 我感谢老师，因为他赠送了我一本鲁迅文集（сбо́рник）。

_____

中国智慧：金句表达

世界因为多彩而美丽。

（《习近平谈治国理政》第二卷，第457页）

Мир прекрасен своим разнообразием.

（«Си Цзиньпин о государственном управлении» II, стр. 657）

课文 **Текст**

Опера «куньцю́й» и мой день рожде́ния

Я люблю́ 1 ма́я. Это замеча́тельный весе́нний день! В Кита́е этот день нерабо́чий: мы, как и лю́ди други́х стран, отмеча́ем Междунаро́дный пра́здник День труда́. А ещё в этот день у меня́ день рожде́ния! Кста́ти, и́менно 1 ма́я 2001 го́да междунаро́дная организа́ция ЮНЕСКО объяви́ла старе́йшую кита́йскую о́перу «куньцю́й» «образцо́м у́стного и нематериа́льного насле́дия челове́чества».

Интере́сно, что о́пера куньцю́й живёт уже́ бо́лее 600 лет, это древне́йший вид о́перы не то́лько в совреме́нном Кита́е, но и в ми́ре!

Но я не понима́ю куньцю́й и никогда́ не смотрю́ её ни в теа́тре, ни по телеви́зору. Когда́ моя́ подру́га Ван Ли (она́ о́чень лю́бит о́перу и да́же поёт) узна́ла об этом, она́ реши́ла 1 мая пригласи́ть меня́ в теа́тр на о́перу куньцю́й «Пио́новая бесе́дка». Очень неожи́данное предложе́ние!

Авто́ром пье́сы «Пио́новая бесе́дка» явля́ется знамени́тый кита́йский поэ́т и драмату́рг Тан Сянь-цзу, кото́рый жил в XVI ве́ке. Имя Тан Сянь-цзу, «кита́йского Шекспи́ра», изве́стно ка́ждому кита́йцу и всем, кто интересу́ется кита́йской литерату́рой.

Сюже́т «Пио́новой бесе́дки» та́кже о́чень изве́стен – это стари́нная кита́йская леге́нда о си́ле любви́.

Одна́жды краса́вица Ду Линя́н гуля́ла в саду́ и засну́ла там. Во сне она́ уви́дела молодо́го студе́нта Лю Мэнмэя и влюби́лась в него́. Когда́ она́ просну́лась и не нашла́ Лю Мэнмэя, она́ о́чень расстро́илась и реши́ла нарисова́ть свой сон. Эту карти́ну она́ поста́вила в саду́ среди́ цвето́в и дере́вьев. Любо́вь Ду Линя́н была́ так сильна́, что от тоски́ она́ умерла́.

И вот одна́жды студе́нт по и́мени Лю Мэнмэй нашёл в саду́ необыкнове́нную карти́ну. На ней он уви́дел себя́ и прекра́сную де́вушку, в кото́рую сра́зу влюби́лся. Чуде́сным о́бразом де́вушка ожила́. И влюблённые, наконе́ц, встре́тились.

Опера мне о́чень понра́вилась. Я с удивле́нием услы́шал изве́стные мне ра́ньше а́рии из э́той о́перы. А тепе́рь не то́лько услы́шал не́жное и прия́тное пе́ние, но и уви́дел та́нцы, ми́мику и же́сты актёров, цвет гри́ма и, коне́чно, роско́шные костю́мы. Прекра́сно звуча́ла му́зыка! Я та́кже узна́л о музыка́льных инструме́нтах, кото́рые обы́чно испо́льзуют в о́пере.

По доро́ге домо́й Ван Ли рассказа́ла мне, что «куньцю́й» называ́ют жемчу́жиной кита́йского театра́льного и о́перного иску́сства, потому́ что она́ объединя́ет поэ́зию, му́зыку, пе́сни, та́нцы и дра́му.

Мой день рожде́ния получи́лся интере́сным и познава́тельным.

НОВЫЕ СЛОВА

а́рия 唱段

грим 化妆

драмату́рг 剧作家

дра́ма 悲剧；戏剧

жест 手势；姿态

засыпа́ть (I) [未] // [完] засну́ть, -ну́,
   -нёшь, -ну́т 入睡；睡着

инструме́нт 乐器；工具

интересова́ться (I) [未] -су́юсь, -су́ешься,
   -су́ются // [完] заинтересова́ться
   (кем-чем) 对……有兴趣

ми́мика 面部表情

мирово́й 世界的

называ́емый 被称为……的

нематериа́льный 非物质的

необыкнове́нный 非凡的

неожи́данный 意外的，出乎意料的

образе́ц, -зца́ 示例；样品

объединя́ть (I) [未] // [完] объедини́ть (II)
   (что) 联合，统一

объявля́ть (I) [未] // [完] объяви́ть (II)
   -явлю́, -я́вишь, -я́вят (что или о чём)
   宣布，通告

ожива́ть (I) [未] // [完] ожи́ть, оживу́,
   оживёшь, оживу́т 复活，充满活力，
   活跃起来

познава́тельный 可认识的

просыпа́ться (I) [未] // [完] просну́ться,
   -ну́сь, -нёшься, -ну́тся 睡醒

расстра́иваться (I) [未] // [完] расстро́иться
   伤心，难过

роско́шный 华丽的；奢华的

стари́нный 古老的，古代的

сюже́т 情节，题材

тоска́ 忧郁

челове́чество 人类

чуде́сный 神奇的，美妙的

шеде́вр 杰作，名作

Шекспи́р 莎士比亚

ю́жный 少年的；青春的

练习 Упражне́ния

10. 朗读并记住下列词组。

отмеча́ть Междунаро́дный пра́здник День труда́	庆祝国际劳动节
междунаро́дная организа́ция	国际组织
образе́ц у́стного и нематериа́льного насле́дия челове́чества	人类口头和非物质文化遗产代表作
во сне	在梦中
чуде́сным о́бразом	以神奇的方式
по доро́ге домо́й	回家路上
жемчу́жина кита́йского театра́льного и о́перного иску́сства	中国戏曲和歌剧艺术的明珠

11. 掌握下列词汇的用法。

А. 朗读并翻译右列句子。

отмеча́ть – отме́тить (что)	• Мы, как и лю́ди други́х стран, отмеча́ем • Междунаро́дный пра́здник День труда́.
объявля́ть – объяви́ть (что, о чём)	• Кста́ти, и́менно 1 ма́я 2001 го́да междунаро́дная организа́ция ЮНЕСКО объяви́ла старе́йшую кита́йскую о́перу «куньцю́й» «образцо́м у́стного и нематериа́льного насле́дия челове́чества».
узнава́ть – узна́ть (кого-что, о ком-чём)	• Когда́ моя́ подру́га Ван Ли узна́ла об э́том, она́ реши́ла 1 ма́я пригласи́ть меня́ в теа́тр на о́перу куньцю́й «Пио́новая бесе́дка».
явля́ться (кем-чем)	• А́втором пье́сы «Пио́новая бесе́дка» явля́ется знамени́тый кита́йский поэ́т и драмату́рг Тан Сянь-цзу.
интересова́ться (чем)	• И́мя Тан Сянь-цзу, «кита́йского Шекспи́ра», изве́стно ка́ждому кита́йцу и всем, кто интересу́ется кита́йской литерату́рой.
засыпа́ть – засну́ть	• Одна́жды краса́вица Ду Линя́н гуля́ла в саду́ и засну́ла там.
просыпа́ться – просну́ться	• Когда́ она́ просну́лась и не нашла́ Лю Мэнмэ́я, она́ о́чень расстро́илась и реши́ла нарисова́ть свой сон.
расстра́иваться – расстро́иться	• Когда́ она́ просну́лась и не нашла́ Лю Мэнмэ́я, она́ о́чень расстро́илась и реши́ла нарисова́ть свой сон.
получа́ться – получи́ться (каким)	• Мой день рожде́ния получи́лся интере́сным и познава́тельным.
объединя́ть – объедини́ть (что)	• Она́ объединя́ет поэ́зию, му́зыку, пе́сни, та́нцы и дра́му.

Б. 用上述左列词汇的适当形式填空。

1) В столи́це я _____ мно́го интере́сных люде́й.

2) Преподава́тель _____ о нача́ле заня́тий.

3) Как студе́нт, он _____ госуда́рственными дела́ми.

4) Во вре́мя зи́мних кани́кул мы _____ Пра́здник весны́.

5) Когда́ он чита́ет, он _____ ва́жные информа́ции в кни́ге.

6) Ма́льчик о́чень _____ от неуда́чи.

7) Он до́лго лежа́л, но не мог _____

8) Анна, _____ уже́ по́здно. Пора́ идти́ в шко́лу.

9) Результа́т _____ хоро́шими.

10) Гага́рин _____ пе́рвым челове́ком, кото́рый полете́л в ко́смос.

11) Он президе́нт, кото́рый _____ наро́д.

В. 翻译下列句子，注意黑体词的用法。

1) Я **отме́тила** места́ путеше́ствий на ка́рте.

2) На́до **отме́тить**, что ру́сский язы́к име́ет ста́тус официа́льных языко́в ООН.

3) Герма́ния **объяви́ла** войну́ СССР 22 ию́ня 1941 го́да.

4) Нача́льник **объяви́л** собра́ние откры́тым.

5) У тебя́ всё **полу́чится**.

6) **Получи́лось**, что я не прав, а не ты.

7) Из него́ **полу́чится** хоро́ший врач.

8) А заче́м тебе́ ка́рта ми́ра на стене́? Стал **интересова́ться** междунаро́дной поли́тикой?

9) Пошёл дождь и на́ша пое́здка **расстро́илась**.

10) Компью́тер **засну́л**, пока́ мы разгова́ривали.

11) Мы должны́ **объедини́ть** все си́лы.

12. 词义辨析。

узнава́ть   узна́ть – знать

1) Ты так измени́лся, что я тебя́ не _____.

2) Он сразу́ _____ свою́ вещь.

3) Анто́н хорошо́ _____ не то́лько матема́тику, но и фи́зику.

4) Когда́ я её _____, она была́ же́нщина лет сорока́.

5) Я её _____ с де́тства.

интересова́ться   интере́сный   интере́сно

1) Ему́ _____ слу́шать ру́сскую класси́ческую му́зыку.

2) Ван Лин _____ междунаро́дной поли́тикой и хо́чет стать диплома́том.

3) Эта кни́га мне вообще́ не _____.

4) Этот рома́н тако́й _____, что оторва́ться нельзя́.

13. 按示例扩展句子，并注意黑体词的用法。

Образец А

В Китáе э́тот день нерабóчий: мы, **как и** лю́ди други́х стран, отмечáем Междунарóдный прáздник День трудá.

Мы, _____, изучáем инострáнные языки́.

В Шанхáе, _____, есть мнóго высóких здáний.

Образец Б

Кстáти, **и́менно** 1 мáя 2001 гóда междунарóдная организáция ЮНЕСКО объяви́ла старéйшую китáйскую óперу «куньцю́й» «образцóм у́стного и нематериáльного наслéдия человéчества».

_____ состои́тся собрáние.

_____ нужны́ нáшей странé.

Образец В

Но я не понимáю куньцю́й и никогдá **не** смотрю́ её **ни** в теáтре, **ни** по телеви́зору.

Я не читáл, _____

Я не говорю́ _____

Образец Г

Интерéсно, что óпера куньцю́й живёт ужé бóлее 600 лет, это древнéйший вид óперы **не тóлько** в совремéнном Китáе, **но и** в ми́ре.

Я хорошó говорю́ _____

В общежи́тиях живу́т _____

14. 将括号中的词变成恰当的形式，如有需要加上前置词。

1) Междунарóдная организáция ЮНЕСКО объяви́ла старéйшую китáйскую óперу «куньцю́й» «_____ (образéц) у́стного и нематериáльного наслéдия человéчества».

2) _____ (áвтор) пьéсы «Пиóновая бесéдка» явля́ется знамени́тый китáйский поэ́т и драмату́рг Тан Сянь-цзу.

3) Имя Тан Сянь-цзу, «китáйского Шекспи́ра», извéстно _____ (кáждый китáец).

4) Во сне Ду Линя́т уви́дела молодóго студéнта Лю Мэнмэ́я и влюби́лась _____ (он).

5) Любóвь Ду Линя́н былá так сильнá, что _____ (тоскá) онá умерлá.

6) «Куньцю́й» называ́ют _____ (жемчу́жина) китáйского театрáльного и óперного иску́сства.

15. 将括号中的中文译成俄语。

1) 1 мáя мы, как и лю́ди други́х стран, (庆祝国际劳动节 _____

_____).

2) Кста́ти, и́менно 1 ма́я 2001 го́да (国际组织——联合国教科文组织 _____

_____)

объяви́ла старе́йшую кита́йскую о́перу «куньцю́й» «образцо́м (人类口头和非物质文化遗

产 _____)».

3) Интере́сно, что о́пера куньцю́й живёт уже́ бо́лее 600 лет, это (最古老的戏剧形式 _____

_____)

не то́лько в совреме́нном Кита́е, но и в ми́ре!

4) Когда́ моя́ подру́га Ван Ли узна́ла об э́том, она́ реши́ла 1 ма́я (邀请我去剧院 _____

_____)

на о́перу куньцю́й «Пио́новая бесе́дка».

5) Имя Тан Сянь-цзу, «кита́йского Шекспи́ра», изве́стно ка́ждому кита́йцу и (所有对中国文

化感兴趣的人 _____

_____).

6) Сюже́т «Пионо́вой бесе́дки» та́кже о́чень изве́стен – это (古老的中国传说，讲述爱情的

力量 _____).

7) И вот одна́жды студе́нт (名为柳梦梅 _____

_____) нашёл в саду́ необыкнове́нную карти́ну.

8) И (相爱的人 _____),

наконе́ц, встре́тились.

9) Я с удивле́нием услы́шал (我此前所知道的 _____

_____) а́рии из э́той о́перы.

10) По доро́ге домо́й Ван Ли рассказа́ла мне, что «куньцю́й» называ́ют жемчу́жиной кита́йского

театра́льного и о́перного иску́сства, потому́ что она́ (融合了诗歌、音乐、歌曲、舞蹈和

戏剧 _____).

16. 翻译下列句子。

1) 6 月 6 日是普希金的诞辰日，我们每年都会纪念这个日子。

_____

2) 联合国教科文组织宣布昆曲是人类口头和非物质文化遗产代表作。

_____

3) 当我得知安东通过了考试之后，对他表示了祝贺。

_____

4) 我昨天晚上很晚才睡着，但今天早上依旧醒得很早。

_____

5) 安娜对中国传统文化很感兴趣，所以她知道，昆曲是中国戏剧、歌剧、舞蹈艺术的大汇集。

_____

6) 会议很成功。(получи́ться)

_____

7) 班长能团结全班同学。

_____

17. 根据课文内容回答下列问题。

1) Како́й пра́здник мы отмеча́ем 1 ма́я?

2) Чем объяви́ла междунаро́дная организа́ция ЮНЕСКО старе́йшую кита́йскую о́перу «куньцю́й»?

3) Ско́лько лет о́пера куньцю́й уже́ живёт?

4) Понима́ет ли а́втор куньцю́й?

5) На каку́ю о́перу куньцю́й моя́ подру́га Ван Ли реши́ла пригласи́ть меня́?

6) Кто явля́ется а́втором пье́сы «Пио́новая бесе́дка»?

7) Расскажи́те, пожа́луйста, о сюже́те «Пио́новой бесе́дки».

8) Како́е впечатле́ние произошла́ на меня́ э́та о́пера? Что я узна́ла?

9) По доро́ге домо́й что Ван Ли рассказа́ла мне о «куньцю́й»?

18. 按照提纲复述课文。

1) Кра́ткая информа́ция об о́пере «куньцю́й».

2) А́втора пригласи́ли на о́перу «куньцю́й».

3) Кра́ткая информа́ция о пье́се «Пио́новая бесе́дка».

4) Сюже́т пье́сы «Пио́новая бесе́дка».

5) Впечатле́ние а́втора об о́пере «куньцю́й».

19. 结合自身情况回答下列问题。

1) Есть ли у вас како́е-ли́бо увлече́ние и в чём его́ привлека́тельность?

2) Каки́е необы́чные увлече́ния есть у ва́ших друзе́й и знако́мых?

3) Мо́жет ли увлече́ние повлия́ть на вы́бор профе́ссии?

4) Изменя́ют ли челове́ка я́ркие, незабыва́емые дни его́ жи́зни и как?

5) Вы интересу́етесь кита́йской культу́рой? Почему́?

6) Вы интересу́етесь ру́сской культу́рой? Почему́?

7) Что вы ещё знаете о китайской культуре?

8) Что вы знаете о русской культуре?

20. 借助词典，阅读下列短文并完成习题。

Русский балет

Балет – искусство довольно молодое. Ему чуть более 400 лет, хотя танец украшает жизнь человека с древних времён. Балет возник в XV-XVI веках в Италии. Появился балет при дворе, когда один из придворных композиторов решил соединить в одну постановку несколько танцев. Долгое время он был именно придворным искусством.

Во Францию балет привезла Екатерина Медичи, жена короля Франции Генриха II. В 1581 году при дворе Екатерины итальянскими мастерами был поставлен «Комедийный балет королевы», с него началась история французского балета.

Кстати, до 1681 года танцевали в балете только мужчины. Первой балериной стала Ла Фонтен, к сожалению, полное её имя не сохранилось.

В XVIII-XIX веках искусство балета постепенно развивалось, появлялись новые постановки. Балет вышел за пределы двора и стал доступным для просмотра в театрах крупных городов.

В Российскую империю балет пришёл в XVIII веке после реформ Петра I. Он задумал привнести в государство европейскую культуру. В дворянских учебных заведениях впервые появились танцевальные дисциплины, а чуть позже открылась первая балетная школа, нынешняя Академия русского балета имени Агриппины Яковлевны Вагановой.

В начале XIX века балет в России развивался под руководством французских мастеров – Шарля Дидло, Мариуса Петипа и других. А в середине века на сцену вышел Пётр Ильич Чайковский. Именно он сочинял музыку специально для балета. Вместе с постановкой в 1877 году легендарного «Лебединого озера» началась новая эпоха в развитии балетного искусства. «Лебединое озеро» объединило высочайшее мастерство танца и сложнейшее музыкальное сопровождение. Благодаря Чайковскому балетная музыка стала серьёзным искусством наряду с оперной и симфонической музыкой.

Русская балерина Анна Павлова была самой великой балериной XX века. Она служила в Мариинском театре с 1906 по 1910 год. Высочайшим достижением Павловой считается миниатюра «Умирающий лебедь», которую даже сложно повторить. Анна Павлова стала легендой ещё при жизни.

A. 根据文章内容判断正误。

1) В балете всегда танцевали и мужчины, и женщины.　　　　　　（　　）

2) Балет родился во Франции.　　　　　　　　　　　　　　　　（　　）

3) Бале́т пришёлв Росси́йскую импе́рию по́сле рефо́рм Петра́ I.　　　（　　）

4) Чайко́вский сочиня́л му́зыку специа́льно для бале́та.　　　（　　）

5) По́сле свое́й сме́рти ру́сская балери́на А́нна Па́влова ста́ла леге́ндой.　　　（　　）

　　Б. 根据文章回答问题。

　　1) Когда́ и как появи́лся бале́т?

　　2) С чего́ начала́сь исто́рия францу́зского бале́та?

　　3) Когда́ и как бале́т пришёл в Росси́йскую импе́рию?

　　4) Как бале́т развива́лся в Росси́йской импе́рии?

　　5) Что сде́лал Пётр Чайко́вский для разви́тия бале́тного иску́сства?

　　6) Кто така́я А́нна Па́влова?

语法　Грамма́тика

I. 限定从句 (определи́тельное прида́точное предложе́ние)

　　限定从句说明主句中的名词或用作名词的其他词类，表示这些名词所指事物或现象的特征。如：

Автором пье́сы «Пио́новая бесе́дка» явля́ется знамени́тый кита́йский поэ́т и драмату́рг Тан Сянь-цзу, **кото́рый** жил в XVI ве́ке.

生活在 16 世纪的著名中国诗人、剧作家汤显祖是《牡丹亭》的作者。

　　限定从句依靠关联词实现与主句的联系，关联词在联系主句和从句的同时，还在从句中有自己的语法作用。其中最常用的关联词是 кото́рый，此外还有 кто, что 等表示人或事物意义的关联词以及 где, куда́, отку́да, когда́等表示时间和空间意义的关联词。

　　1. 带 кото́рый 的限定从句

　　关联词 кото́рый 有性、数、格的变化，其性、数与主句中被说明的词保持一致，而格则取决于它在从句中的作用。如：

Сего́дня ко мне придёт друг,
今天一个朋友来我这儿，

　　кото́рого я давно́ не ви́дел.
　　我好久没见了。

　　кото́рому я обеща́л помо́чь.
　　我承诺要帮他的。

　　о кото́ром я тебе́ расска́зывал.
　　我跟你讲过他的。

　　с кото́рым я вме́сте учи́лся в шко́ле.
　　我和他曾在同一所中学学习。

关联词 кото́рый 通常位于从句的句首，紧跟着主句中的被说明词后，但也有例外，如：

Я встре́тил челове́ка, **лицо́ кото́рого** показа́лось мне знако́мым.

我遇到一个人，他很面熟。

2. 带 кто, что 等表示人或事物意义的关联词

限定从句还可以由关联词 кто, что 与主句连接。主句中被说明词前可以使用指示词 тот, то 以及限定代词 всё, ка́ждый 等，如：

Имя Тан Сянь-цзу, «кита́йского Шекспи́ра», изве́стно ка́ждому кита́йцу и всем, **кто** интересу́ется кита́йской литерату́рой.

中国的莎士比亚——汤显祖的大名对每个中国人以及所有对中国文学感兴趣的人来说都是耳熟能详的。

Одна́жды студе́нт по и́мени Лю Мэнмэ́й нашёл в саду́ необыкнове́нную карти́ну, **что** нарисова́ла Ду Линя́н.

有一天书生柳梦梅在花园里找到了杜丽娘的非凡画作。

3. где, куда́, отку́да 的限定从句

限定从句还可以由关联词 где, куда́, отку́да 与主句连接。这类限定从句通常说明主句中具有地点意义的名词，如 ме́сто, го́род, дере́вня, дом, зда́ние 等。如：

Такси́ст довёз нас до ча́йной планта́ции Лун У к холма́м, **где** растёт чай.

司机把我们送到"龙坞茶园"种植茶叶的小山坡上。

Сейча́с мы живём в но́вом четырёхэта́жном зда́нии, **куда́** мы перее́хали совсе́м неда́вно.

现在我们住在不久前才搬入的四层楼的新房里。

4. 带 когда́ 的限定从句

带关联词 когда́ 的限定从句通常说明主句中有时间意义的名词，如 день, у́тро, год, час, вре́мя 等，这类名词前常有指示词 тот (то, та, те)。如：

Я хорошо́ по́мню тот день, **когда́** я уви́дел свои́ми глаза́ми, как растёт знамени́тый кита́йский чай.

我很清楚地记得那一天，我亲眼看到了中国名茶是如何种植的。

注：上述关联词通常可用 кото́рый 来替换，如：

Имя Тан Сянь-цзу, «кита́йского Шекспи́ра», изве́стно ка́ждому кита́йцу и всем, **кото́рые** интересу́ются кита́йской литерату́рой.

II. 动词假定式 (сослага́тельное наклоне́ние)

动词的式表示动作对现实的关系。俄语动词具有三种式：陈述式（изъясни́тельное наклоне́ние），命令式（повели́тельное наклоне́ние）和假定式（сослага́тельное наклоне́ние）。

1. 假定式的构成

假定式由动词过去时形式+语气词 бы 构成，这样的动词过去时已经失去了时间意义。语气词 бы 可以位于动词之前或之后，如：

(я) пришёл бы (она́) бы пришла́

2. 假定式的意义和用法

1) 表示假定的行为，即虚拟的、事实上不存在的行为。如：

Я **пошёл бы** сего́дня в теа́тр, е́сли **бы** у меня́ **бы́ло** вре́мя.

如果我今天有时间的话，我是会去剧院的。

Если бы ты внима́тельно **чита́ла** статью, ты **поняла́ бы** всё.

如果你仔细读这篇文章的话，你就明白一切了。

2) 表示建议、劝告、请求的意义，语气比较委婉。如：

Лёг бы ты отдохну́ть.

你躺下休息会儿吧!

Пошли́ бы вы погуля́ть.

你们去散散步吧。

3) 表示说话人的愿望。用于此意义时 бы 也可与动词不定式连用，表示较为强烈的愿望。如：

Я **хоте́л бы** пригласи́ть вас на старе́йшую кита́йскую о́перу – Куньцю́й «Пио́новая бесе́дка».

我想邀请您去看最古老的中国戏曲——昆曲《牡丹亭》。

Скоре́й **бы пришло́** ле́то! Я **уе́хал бы** на Кавка́з, **соверши́л бы** похо́д в го́ры.

夏天快来吧，我想去高加索，我想去山区徒步旅行。

Полете́ть бы мне когда́-нибудь в ко́смос!

要是我哪天也能飞向太空该多好啊!

练习 ▶ **Упражне́ния**

1. 用 кото́рый 的各种形式填空，可根据需要加前置词。

1) Я уже́ причита́л кни́гу, _____ ты мне дал.

_____ ты мне говори́л.

_____ ты мне сове́товал познако́миться.

2) Мы вы́шли из ле́са и уви́дели ре́ку, _____ че́рез по́ле вела́ доро́женька.

_____ находи́лась дере́вня.

_____ ну́жно бы́ло переезжа́ть на ло́дке.

3) Он сегодня закончил доклад, _____ он будет читать в понедельник.

                                             _____ он работал месяц.

                                      содержание _____ для него новым.

4) Пришли все преподаватели, _____ работают на нашем факультете.

                                          _____ вы пригласили на вечеринку.

                                          _____ вы поедете в музей.

5) Мы направились к озеру, _____ находилось в двух километрах от деревни.

                                          _____ писатель написал в своей статье.

                                          _____ можно увидеть прекрасный пейзаж.

2. 用关联词 **который** 的各种形式将两个简单句合成一个带限定从句的主从复合句。

1) Дайте мне книги. Книги лежат на столе.

2) Дети радовались снегу. Снег наконец выпал сегодня ночью.

3) Я записал впечатление. Я расскажу друзьям о впечатлениях.

4) Товарищ рассказал мне о концерте. Он был вчера на концерте.

5) Путешественники увидели горы. Вершины гор были покрыты вечным снегом.

6) Утром начался дождь. Дождь не прекращался весь день.

7) Мы спустились к морю. Море в это утро было спокойно.

8) Я написал сестре. От сестры я давно не получал письма.

9) Посетитель подошёл к столу. За столом сидел секретарь.

10) Дети вбежали в комнату. Посреди комнаты стояла ёлка.

3. 用关联词 **когда, где, куда, откуда** 填空，并将句子转换为用关联词 **который** 连接的限定从句。

1) Вот деревня, _____ я родился и вырос.

2) Товарищ дал мне газету, _____ была его статья.

3) Мы поднялись на холм, _____ открывался прекрасный вид на поля и деревни.

4) Я хорошо помню то воскресенье, _____ мы вместе ездили за город.

5) Я позвонил в ту дверь, _____ только что вошла девушка.

6) С шестого этажа нашего дома мы хорошо видим весь университет, _____ учатся наши друзья.

7) Дедушка никогда не забудет того дня, _____ его приняли руководители государства.

8) В городе есть музеи, _____ часто приходят иностранные гости.

9) Они идут в клуб, _____ доносится музыка.

10) Город, _____ приехал Тан Нин, находится на Юго-востоке Китая.

4. 用关联词 **кто, что** 填空，尝试将句子转换为用关联词 **кото́рый** 连接的限定从句。

1) _____ не рабо́тает, тот не ест.

2) Счастли́в тот, _____ всё э́то ви́дел свои́ми глаза́ми.

3) То, _____ случи́лось, никогда́ бо́льше не повтори́тся.

4) Все, _____ пришёл на ве́чер, собрали́сь в за́ле.

5) Ка́ждый, _____ хоте́л вы́ступить, мог попроси́ть сло́во.

6) Случи́лось то, _____ все о́чень удиви́лись.

7) Хорошо́ смеётся тот, _____ смеётся после́дним.

8) _____ мно́го дано́, с того́ мно́го и спро́сится.

9) Этой рабо́той до́лжен руководи́ть тот, _____ есть большо́й о́пыт.

10) Мне ну́жно то, _____ он принёс.

5. 将下列句子译成带限定从句的主从复合句。

1) 我的父亲在一个离杭州不远的小城市里出生、长大。

_____

2) 鲁迅将举世闻名的俄国作家作品介绍给中国读者。

_____

3) 看自己最喜欢的戏剧时，时间就过得特别快。

_____

4) 不要打扰在电脑前工作的妈妈。

_____

5) 你可以扫一下桌上的二维码点你喜欢的菜。

_____

6) 大家都非常喜欢每年 12 月在哈尔滨举办的冰雪节。

_____

7) 鱼和饺子都是过年时必上桌的菜，最受人欢迎。

_____

8) 中外游客都喜欢游览被称为万国建筑博物馆的外滩。

_____

9) 唐宁来自于被称为六朝古都的南京。

_____

10) 我喜欢在那个主厨和服务员都说俄语的餐厅吃饭。

_____

6. 判断下列句子中哪些是真实的条件，哪些是虚拟的条件，注意句中动词的用法。

   1) Если бы она была здоро́ва, она́ пришла́ бы ко мне.

   2) Если она́ полу́чит письмо́, то она́ прие́дет ко мне.

   3) Если за́втра бу́дет така́я же пого́да, то я с у́тренним по́ездом пое́ду в го́род.

   4) Если вчера́ была́ бы така́я пого́да, я бы пое́хала в го́род.

   5) Если бы не была́ война́, я стал бы врачо́м.

   6) Если бы не ты, я не опозда́л бы.

7. 用动词的假定式翻译下列句子。

   1) 如果我有票的话，我就去看昆曲《牡丹亭》了。
      _____

   2) 要是上周不下雨的话，我们就去杭州旅行了。
      _____

   3) 要是今天不下雨的话，我们就去茶园品茶了。
      _____

   4) 如果你继续玩游戏的话，你就没时间做作业了。
      _____

   5) 还是请医生上门吧！
      _____

   6) 我想预订靠窗的三人位。
      _____

   7) 这十天的时间赶快过去吧！
      _____

   8) 我想再次对您表示衷心的感谢。
      _____

   9) 王丽，你能不能开一下窗户啊！
      _____

   10) 如果能亲眼看一下兵马俑该多好啊！
      _____

УРОК **8**

言语礼仪 **Речево́й этике́т**

I. 赞同
II. 反对

对话 **Диало́ги**

课文 **Текст**

Лу Синь

语法 **Грамма́тика**

I. 简单句和复合句
II. 并列复合句和主从复合句
III. 关联词和连接词
IV. 说明从句

 言语礼仪 Речево́й этике́т

I. 赞同

Да, коне́чно. 是的，当然。

Ве́рно. 是的。

Пра́вильно. 对的。

Действи́тельно. 的确如此。

Соверше́нно ве́рно (пра́вильно). 完全正确。

Он прав. 他是对的。

II. 反对

Коне́чно, нет. 当然不是。

Неве́рно. 不是。

Непра́вильно. 不对。

Этого не мо́жет быть. 这不可能。

Это неве́рно. Это не так! 这不对。

Он не прав. 他不对。

对话 Диало́ги

1. – Слу́шать му́зыку Чайко́вского – одно́ удово́льствие.

   – Соверше́нно ве́рно.

2. – Говоря́т, в э́том о́зере живу́т руса́лки!

   – Это ска́зки! Этого не мо́жет быть!

3. – Пе́тя, что для тебя́ важне́е: и́гры или учёба?

   – И́гры!

   – Это почему́?

   – Потому́ что в и́гры игра́ть интере́сно и ве́село, а учи́ться мне не нра́вится! ...

   – Нет, Пе́тя, ты не прав. Учи́ться ну́жно, ведь зна́ния – э́то са́мое гла́вное, а без них дости́чь свое́й це́ли невозмо́жно.

   – Ну да, наве́рное, вы пра́вы!

4. – Это пра́вда, что Лу Синь был пе́рвым, кто познако́мил кита́йцев с ру́сской литерату́рой?

   – Абсолю́тно ве́рно. И был, кста́ти, прекра́сным перево́дчиком ру́сских писа́телей. Он увлека́лся ру́сской литерату́рой, призыва́л идти́ по ру́сскому пути́, боро́ться со ста́рым.

   – Почему́ Лу Синь не стал врачо́м? Он же учи́лся медици́не в Япо́нии?

   – Он действи́тельно учи́лся в медици́нском ко́лледже, но пото́м по́нял, что хо́чет с по́мощью литерату́ры лечи́ть не те́ло челове́ка, а его́ ду́шу.

абсолю́тно (副) 绝对地

боро́ться (I) [未] *-рю́сь, -решься,*
  -рются (с кем-чем, против кого-
  чего, за что) 斗争，奋战

ве́рно (副) 的确，确实

душа́; ду́ши 心灵，内心

зна́ние 知识

игра́; и́гры 游戏；比赛

ко́лледж (英、美) 大学

лечи́ть (II) [未] *-чу́, -чишь, -чат*
  (кого-что) 治疗，医治

медици́на 医学

медици́нский 医学的

неве́рно 不正确

невозмо́жно 不能，不可能

непра́вильно 不对地

пра́вый 正确的；右面的

призыва́ть (I) [未] // [完] призва́ть,
  -зову́, -зовёшь, -зову́т (кого-что)
  招来，请来

руса́лка 美人鱼

соверше́нно 完全地；完善地

те́ло 身体

увлека́ться (I) [未] //[完] увле́чься, *-еку́сь,*
  -ечёшься, -екутся (кем-чем) 迷恋，
  热爱；专心于，醉心于

Япо́ния 日本

练习 ▶ **Упражне́ния**

1. 朗读并记住下列词组。

дост

и́чь свое́й це́ли   实现自己的目标

соверше́нно ве́рно   完全正确

медици́нский ко́лледж   医学院

ру́сские писа́тели   俄罗斯作家

увлека́ться ру́сской литерату́рой   热爱俄罗斯文学

с по́мощью литерату́ры   借助文学

2. 掌握下列词汇的用法。

A. 朗读并翻译右列句子。

лечи́ть (кого-что)	• Он по́нял, что хо́чет с по́мощью литерату́ры лечи́ть не те́ло челове́ка, а его́ ду́шу.
увлека́ться – увле́чься (кем-чем)	• Он увлека́лся ру́сской литерату́рой.
призыва́ть – призва́ть (кого, к чему, что де́лать)	• Он призыва́л идти́ по ру́сскому пути́.
боро́ться (с кем-чем, про́тив кого-чего, за что)	• Он призыва́л боро́ться со ста́рым.

Б. 用上述左列词汇的适当形式填空。

1) Вчера́ он чита́л це́лый день, потому́ что он _____ интере́сной кни́гой.

2) Врач _____ больно́го от ка́шля.

3) Что́бы _____ боле́знь, ну́жно принима́ть э́то лека́рство.

4) Во вре́мя войны́ кита́йский наро́д сме́ло _____ с врага́ми.

5) Ста́ршего сы́на Мари́и _____ в а́рмию.

6) С де́тства Ма́ша _____ класси́ческой му́зыкой.

7) Геро́и _____ за свобо́ду Ро́дины.

8) «Горя́чий де́душка» из Кита́я Ван Дэшунь всегда́ _____ чем-то но́вым: в 44 го́да он вы́учил англи́йский, в 75 на́чал е́здить на мотоци́кле, в 79 впервы́е вы́шел на по́диум, в 85 стал пило́том. Он _____ люде́й боро́ться с во́зрастом и сме́ло осуществля́ть свои́ пла́ны и мечты́.

3. 词义辨析。

призыва́ть – призва́ть   называ́ть – назва́ть

1) Шанха́й _____ «Восто́чной жемчу́жиной».

2) Рабо́чих _____ отме́тить Пе́рвое ма́я.

3) Анто́н и Ми́ша – хоро́шие друзья́. Анто́н _____ Ми́шу бра́том.

4) Учи́тель _____ дете́й к поря́дку.

учи́ть – учи́ться

1) Алёша _____ в пе́рвом кла́ссе. А́нна Ива́новна _____ его́ чита́ть и писа́ть.

2) Сейча́с мы _____ в университе́те и _____ ру́сский язы́к ка́ждый день.

4. 将括号中的词变成需要的形式，如有需要则加上相应的前置词。

1) В шко́льные го́ды он люби́л спорт и о́чень увлека́лся _____ (футбо́л).

2) Когда́ мы изуча́ем ру́сский язы́к, на́до боро́ться _____ (граммати́ческие оши́бки).

3) Студе́нческие кома́нды боро́лись за _____ (побе́да) в спорти́вных соревнова́ниях.

4) Ми́ша бои́тся идти́ к зубно́му врачу́ лечи́ть _____ (зу́бы).

5) Говоря́т, что вре́мя ле́чит _____ (челове́к).

6) Учи́тель призыва́ет _____ (все шко́льники) _____ (труд).

5. 用带 с по́мощью 的句型翻译下列句子。

1) 通过网站我们可以了解到大学的很多信息。

_____

2) 我正借助词典改正文章里的错误。

_____

3) 在老师的帮助下，我们完成了家庭作业。

_____

4) 借助智能手机我们可以做很多事。

_____

6. 翻译下列句子，注意 оди́н, одна́, одно́ 等的用法。

1) Слу́шать му́зыку Чайко́вского – одно́ удово́льствие.

_____

2) В де́тской больни́це одни́ де́ти.

_____

3) Он всё вре́мя повторя́ет одно́ и тоже.

_____

4) Ребя́та, заходи́те по одному́.

_____

5) В па́рке мно́го дете́й. Одни́ гуля́ют, други́е игра́ют в футбо́л?

_____

6) Мы не одни́. Все нам помога́ют.

_____

7) Мы боро́лись с врага́ми все как оди́н.

_____

8) Се́меро одного́ не ждут.

_____

9) Оди́н в поле не во́ин.

_____

7. 用课文中表示赞同或者反对的句型完成对话。

    1) – Москва́ – полити́ческий, экономи́ческий и культу́рный центр Росси́и.

        – _____

    2) – Росси́я – крупне́йшая страна́ в ми́ре.

        – _____

    3) – Кита́й грани́чит с Белару́сью.

        – _____

    4) – Это пра́вда, что Шанха́й – столи́ца Кита́я?

        – _____

    5) – Ни́на сказа́ла, что Октя́брьская револю́ция произошла́ в 1918 году́.

        – _____

8. 按照示例，用 не ..., а .... 翻译下列句子。

Образец   Он по́нял, что хо́чет с по́мощью литерату́ры лечи́ть не те́ло челове́ка, а его́ ду́шу.

    1) 他们不是在用英语交流，而是在用俄语交流。

    _____

    2) 他痴迷的并非古典音乐，而是流行音乐。

    _____

    3) 他读的不是普希金的诗歌，而是托尔斯泰的长篇小说。

    _____

    4) 我并没有去尼古拉家做客，而是去了马克西姆家做客。

    _____

9. 将括号中的中文译成俄语。

    1) – Анто́н, (什么对你来说更有意思，书还是电影 _____

        _____)?

        – Кни́ги. Ведь кни́ги – э́то ле́стница челове́ческого прогре́сса.

    2) – За́втра выходно́й. Ты ещё бу́дешь занима́ться в чита́льном за́ле?

        – Да, (毕竟学习对于大学生来说是最重要的 _____

        _____)

    3) – Лу Синь был пе́рвым, кто (将俄罗斯文学介绍给中国读者 _____

        _____)

        – (的确如此 _____)

4) – Лу Синь – кита́йский писа́тель. Он не знал произведе́ний иностра́нной литерату́ры.

   – (并非如此 _____)

   Он был прекра́сным перево́дчиком ру́сских писа́телей.

5) Лу Синь призыва́л (走俄罗斯的道路 _____

_____ ,

与旧势力作斗争 _____).

10. 翻译下列句子。

1) 我心脏不舒服，需要治疗。

   _____

2) 今天家庭作业很难，我只好叫哥哥来帮忙。

   _____

3) 这个医生已经治愈了很多病人，经验十分丰富。

   _____

4) 国家征召大学生入伍。

   _____

5) 老师号召学生们读俄罗斯作家的作品。

   _____

6) 小明醉心于阅读，尤其喜爱鲁迅的作品。

   _____

7) — 王琳，你还不睡觉？

   _____

   — 是啊，我看这部电影，入迷了。

   _____

   — 还是要早点睡觉，毕竟健康是最重要的。

   _____

8) 没有马克西姆的帮助我们不可能实现目标。

   _____

9) 我们国家的英雄曾勇敢地与敌人斗争。

   _____

10) 王芳热爱中国文学，她还希望成为一名优秀的翻译，将中国文学介绍给俄罗斯读者。

   _____

中国智慧：金句表达

理想信念，源自坚守，成于磨砺。

（《习近平谈治国理政》第二卷，第181页）

Идеалы и убеждения берут начало в стойкости и утверждаются в ходе закалки.

（«Си Цзиньпин о государственном управлении» II, стр. 256)

课文　Текст

Лу Синь

Вели́кий кита́йский писа́тель Лу Синь (его́ настоя́щее и́мя Чжоу Шужэ́нь) роди́лся 25 сентября́ 1881 года́ в небольшо́м го́роде Шаоси́не прови́нции Чжэцзя́н. Его́ семья́ была́ о́чень образо́ванной, но бе́дной. Когда́ Лу Си́ню бы́ло 15 лет, вся семья́ переезжа́ет в Нанки́н. Там он поступа́ет в Нанки́нское го́рно-железнодоро́жное учи́лище.

В во́зрасте 21 го́да он уезжа́ет в Япо́нию изуча́ть медици́ну. Но в 1909 году́ Лу Синь возвраща́ется на ро́дину, потому́ что понима́ет, что он хо́чет лечи́ть не те́ло челове́ка, а его́ ду́шу с по́мощью литерату́ры.

Пе́рвое произведе́ние писа́теля называ́лось «Душа́ Спа́рты» (1903), пото́м он пи́шет статью́ о поэ́зии А.С. Пу́шкина, М.Ю. Ле́рмонтова, Джо́рджа Байро́на «О демони́ческой си́ле поэ́зии». Во вре́мя ру́сско-япо́нской войны́ Лу Синь знако́мится с произведе́ниями Льва Толсто́го. Он увлека́ется ру́сской литерату́рой, призыва́ет идти́ по ру́сскому пути́, бороться со старым.

Лу Синь вернулся в Китай уже известным. Вначале он стал преподавать в Чжэцзянской средней школе, затем в Китайско-западной школе города Шаосин. Затем его пригласили в Пекинский университет и там он стал совмещать преподавательскую деятельность с литературой, писать стихи.

С 1918 года писатель становится участником «движения за новую литературу», стремится писать о жизни народа и на языке (байхуа), понятном народу.

В 1921 г. появилось самое известное произведение Лу Синя «Подлинная история А-кью» – повесть о жизни батрака.

Рассказы Лу Синя очень просты по содержанию и лаконичны. Писатель чаще всего пользовался традиционным методом «чёрно-белого описания» (бай мяо) и объяснял это так: «Не описываю природу, не даю длинных диалогов, всё, что можно, я сокращаю. Нужно убрать украшения и говорить правду».

Лу Синь много сил отдал публицистике, особенно в 20–30 годы, когда жил в Пекине и Шанхае. Значительное место в его публицистике занимала тема Советского Союза.

Лу Синь был прекрасным переводчиком: он перевёл на китайский язык Гоголя, Чехова, Горького, Фадеева, Пушкина и других. Многие его переводы на китайский язык считаются лучшими до сих пор.

В 1936 году Лу Синь работает над переводом поэмы «Мёртвые души» Николая Гоголя, но вскоре заболевает и 19 октября 1936 года умирает в Шанхае.

Мемориальный музей Лу Синя расположен в Шанхае, на территории парка имени Лу Синя (ранее парк Хункоу). Музей великого китайского писателя, основоположника современной китайской литературы Лу Синя был открыт в январе 1951 года, в доме, в котором он жил и работал в последние годы своей жизни.

НОВЫЕ СЛОВА

батрак; -á 雇农	вскоре (副) 很快，不久
бедный 贫苦的，穷的	горно-железнодорожный 矿务铁路的
великий 大的，伟大的	демонический 阴险的，凶恶的
возвращаться (I) [未] 返回	деятельность 活动，工作
возраст 年纪，年龄	жанр 题材

значи́тельный 巨大的；重要的

лакони́чный 简洁的，简练的

мемориа́льный 纪念性的

мёртвый 死的；静的

ме́тод 方式；方法

образова́ть (I) [未], -зу́ю, -зу́ешь, -зу́ют
　构成，形成

описа́ние 描写，说明

опи́сывать (I) [未] // [完] описа́ть, -пишу́,
　-пи́шешь, -пи́шут (кого-что) 描写；
　叙述

основополо́жник 创始人，奠基人

отдава́ть (I) [未] -даю́, -даёшь, -даю́т //
　[完] отда́ть, -ам, -ашь, -аст, -ади́м,
　-ади́те, -аду́т (кого-что, кому-чему 或
　за кого-что) 献给，贡献给

перево́дчик 翻译，译员

перево́д 翻译；译文

переезжа́ть (I) [未] // [完] перее́хать, -е́ду,
　-е́дешь, -е́дут (что, через что) 通过；
　转移

по́весть, -и; -и, -ей 中篇小说

по́длинный 原本的，正本的

по́льзоваться (I) [未], -зуюсь, -зуешься,
　-зуются (чем) 运用，使用

поня́тный 容易懂的，易明白的

после́дний 最后的

поэ́зия 诗篇；诗作

поэ́ма 长诗；史诗

публици́стика 时事述评，政论

располо́женный 坐落在……的，

处在……的

си́ла 力量；精力

сей (代) сего́, сему́, сим, о сём; (阴) сия́;
　(中) сие́; (复) сий 这，这个

сове́тский 苏联的

совеща́ть (I) [未] // [完]совмести́ть (II),
　-ещу́, -ести́шь, -естя́т (что) 把结合在
　一起

содержа́ние 内容

создава́ться (I) [未] // [完] созда́ться,
　созда́стся, создаду́тся 产生，出现；
　形成

сокраща́ть (I) [未] // [完] сократи́ть (II),
　-ащу́, -ати́шь, -атя́т (кого-что) 缩短；
　减少

сою́з 联盟；协会；连接词

Спа́рта 斯巴达

стреми́ться [未] (II), -млю́сь, -ми́шься,
　-мя́тся (к чему 或 с инф.) 竭力
　（达到，做到）

сфе́ра 领域；范围

счита́ться [未] (чем) 被认为是…

традицио́нный 传统的

уезжа́ть (I) [未] // [完] уе́хать, -е́ду,
　-е́дешь, -е́дут 离开

украше́ние 装饰品，点缀物

умира́ть (I) [未] // [完] умере́ть, -мру́,
　-мрёшь, -мру́т; у́мер, умерла́, у́мерли
　去世

учи́лище （某些中、高等）专业学校

练习 ▶ **Упражне́ния**

11. 朗读并记住下列词组。

в во́зрасте ...	在……岁的时候
возвраща́ться на ро́дину	回到故乡
во вре́мя ру́сско-япо́нской войны́	日俄战争期间
совмеща́ть преподава́тельскую де́ятельность с литерату́рой	将教学活动与文学（创作）相结合
возгла́вить созда́вшуюся в Кита́е но́вую литерату́ру	领导了中国的新文学运动
в сфе́ре (чего́)	在……领域
литерату́рный жанр	文学体裁
ча́ще всего́	最常见
отда́ть мно́го сил публици́стике	致力于政论文创作
занима́ть значи́тельное ме́сто	占有重要地位
перевести́ ... на кита́йский язы́к	将……翻译成中文
до сих пор	至今
в после́дние го́ды жи́зни	在人生最后几年

12. 掌握下列积极词汇的用法。

A. 朗读并翻译右列句子。

переезжа́ть – перее́хать (куда)	• Когда́ Лу Си́ню бы́ло 15 лет, вся семья́ переезжа́ет в Нанки́н.
возвраща́ться – верну́ться (куда/откуда, каким)	• Но в 1909 году́ Лу Синь возвраща́ется на ро́дину, потому́ что понима́ет, что он хо́чет лечи́ть не те́ло челове́ка, а его́ ду́шу с по́мощью литерату́ры.
	• Лу Синь верну́лся в Кита́й уже́ изве́стным.
совмеща́ть – совмести́ть (что)	• Был приглашён преподава́ть в Пеки́н и стал совмеща́ть преподава́тельскую де́ятельность с литерату́рой.
стреми́ться (к чему /+инф.)	• Лу Синь стано́вится уча́стником «движе́ния за но́вую литерату́ру», стреми́тся писа́ть о жи́зни наро́да и на языке́, поня́тном наро́ду.
объясня́ть – объясни́ть (что)	• Писа́тель ча́ще всего́ по́льзовался традицио́нным ме́тодом «чёрно-бе́лого описа́ния» (бай мяо) и объясня́л э́то так: «Не опи́сываю приро́ду, не даю́ дли́нных диало́гов, всё, что мо́жно, я сокраща́ю. Ну́жно убра́ть украше́ния и говори́ть пра́вду».
опи́сывать – описа́ть (кого-что)	
сокраща́ть – сократи́ть (что)	• ... всё, что мо́жно, я сокраща́ю.
отдава́ть – отда́ть (что чему; за кого, что)	• Лу Синь мно́го сил о́тдал публици́стике, осо́бенно в 20-30 го́ды, когда́ жил в Пеки́не и Шанха́е.
умира́ть – умере́ть (от чего)	• В 1936 году́ Лу Синь рабо́тает над перево́дом поэ́мы «Мёртвые ду́ши» Никола́я Го́голя, но вско́ре заболева́ет туберкулёзом и 19 октября́ 1936 го́да умира́ет в Шанха́е.

Б. 用上述左列词汇的适当形式填空。

1) Солда́т _____ домо́й живы́м, и его́ семья́ с большо́й ра́достью встре́тила его́.

2) Я одновреме́нно и рабо́таю, и учу́сь. Я могу́ _____ рабо́ту с учёбой.

3) – Почему́ ты э́то сде́лал?

   – Сло́жно _____

4) Писа́тель подро́бно _____ жизнь в дере́вне.

5) Я уже́ _____. все кни́ги в библиоте́ку.

6) Вели́кие коммуни́сты _____ свою́ жизнь за побе́ду коммуни́зма.

7) Он давно́ _____ в Шанха́й вме́сте со свое́й семьёй.

8) Тру́дно _____ и то, и друго́е.

9) Учени́к _____, почему́ он опозда́л на уро́к.

10) По́сле сва́дьбы Анто́н и Ната́ша _____ в Москву́.

11) Чайко́вский _____ от боле́зни в 1893 году́.

12) Он стара́тельно у́чится, потому́ что он _____ к зна́ниям.

13) Куре́ние _____ жизнь.

14) Э́тот текст о́чень дли́нный, его́ мо́жно сократи́ть в два ра́за.

В. 将括号中的词变成需要的形式，如有需要则加上适当的前置词。

1) Преподава́тель подро́бно объясня́ет _____ (грамма́тика) ру́сского языка́.

2) Он стреми́тся _____ (нау́ка), потому́ что он счита́ет, что нау́ка – э́то си́ла.

3) В 19 часо́в оте́ц верну́лся _____ (рабо́та).

4) Дава́йте вернёмся _____ (э́тот вопро́с).

5) Вся на́ша семья́ перее́хала _____ (но́вый дом).

6) Мой друг прие́хал ко мне в го́сти и я о́тдал _____ (он) _____ (ко́мната).

7) Нам на́до совмеща́ть _____ (тео́рия) _____ (пра́ктика).

8) Опиши́те, пожа́луйста, _____ (собы́тие), что́бы мы зна́ли, что произошло́.

9) Для того́ что́бы статья́ ста́ла бо́лее поня́тной, Лу Синь сократи́л _____ (она́).

13. 词义辨析。

опи́сывать   описа́ть – писа́ть   написа́ть

1) Сосе́д _____ вне́шность во́ра, и, наконе́ц, мы его́ пойма́ли.

2) Э́тот писа́тель _____ мно́го рома́нов. В свои́х произведе́ниях ему́ нра́вится _____ приро́ду.

3) Он мне давно́ не _____.

4) Знамени́тый ру́сский полково́дец Алекса́ндр Васи́льевич Суво́ров на про́сьбу отца́

подро́бно _____ свою́ жизнь в а́рмии.

5) А.В. Суво́ров не люби́л _____ дли́нные пи́сьма.

14. 借助 **во время** 翻译括号中的词组。

1) (寒假期间 _____) я чита́л произведе́ния Лу Си́ня.

2) Не разгова́ривайте (吃午饭的时候 _____)

3) (休息的时候 _____) чем спать до́ма, лу́чше вы́йти погуля́ть.

4) (二战期间 _____) мно́го геро́ев о́тдали свою́ жизнь за Ро́дину.

15. 将括号中的中文译成俄语。

1) Лу Синь счита́ется (伟大的中国作家 _____).

2) Лу Синь перевёл мно́го произведе́ний (从俄语到中文 _____)

3) Семья́ Лу Си́ня была́ (受过良好的教育 _____)

4) (21 岁时 _____) Лу Синь уезжа́ет в Япо́нию изуча́ть медици́ну.

5) Лу Синь стал (将教学活动和文学相结合) _____, писа́ть стихи́.

6) Лу Синь стано́вится уча́стником «движе́ния за но́вую литерату́ру», стреми́тся писа́ть о жи́зни наро́да и на языке́ (байхуа), поня́тном наро́ду.

7) В 1921 г. Лу Синь (创作了自己最有名的作品 _____) «По́длинная исто́рия А-кью» – по́весть о жи́зни батрака́.

8) Лу Синь (将大量精力用于政论文创作 _____), осо́бенно в 20–30 го́ды, когда жил в Пеки́не и Шанха́е.

16. 翻译下列句子。

1) 今天夏天我们全家搬进了新房子。

_____

2) 我的朋友米沙总是能将工作和学习很好地结合在一起。

_____

3) 我疲惫地下班回到家。

_____

4) 阅读在这位俄罗斯作家的生活中占有重要地位。

_____

5) 这位中国作家善于描写人物外貌。

_____

6) 我想成为一名优秀的翻译，将文学作品从中文翻译成俄语，把中国文学介绍给俄罗斯读者。

_____

7) 战争期间很多英雄为祖国献出了生命。

_____

8) 学生向老师解释，为何他删减了这篇文章的内容。

_____

17. 按照课文回答问题。

1) Когда́ и где роди́лся вели́кий кита́йский писа́тель Лу Синь?

2) Как его́ настоя́щее и́мя?

3) Кака́я семья́ была́ Лу Си́ня?

4) Когда́ его́ семья́ перее́хала в Нанки́н?

5) В како́е учи́лище поступи́л Лу Синь?

6) Когда́ он уе́хал в Япо́нию изуча́ть медици́ну?

7) Когда́ Лу Синь верну́лся на ро́дину?

8) Почему́ Лу Синь не стал врачо́м?

9) Как называ́лось пе́рвое произведе́ние Лу Си́ня?

10) Когда́ Лу Синь познако́мился с произведе́ниями Льва Толсто́го?

11) Что Лу Синь призыва́л де́лать?

12) Писа́л ли Лу Синь стихи́, когда́ преподава́л в Пеки́нском университе́те?

13) Уча́стником како́го движе́ния стал Лу Синь? О чём он писа́л?

14) Когда́ Лу Синь написа́л своё са́мое изве́стное произведе́ние «По́длинная исто́рия А-кью»?

15) Каки́м ме́тодом писа́тель ча́ще всего́ по́льзовался?

16) Каки́х писа́телей Лу Синь перевёл на кита́йский язы́к?

17) Когда́ Лу Синь ушёл из жи́зни?

18) Где располо́жен Мемориа́льный музе́й Лу Си́ня?

19) Когда́ был откры́т музе́й писа́теля?

18. 按照提纲内容和提示编对话。

> **Образец**

К Тан Ни́ну в го́сти прие́хал ру́сский друг из Москвы́. Анто́н изуча́ет кита́йский язы́к и кита́йскую литерату́ру. Его́ о́чень интересу́ет жизнь и тво́рчество Лу Си́ня. Отве́тьте на вопро́сы Анто́на. Како́й диало́г произойдёт ме́жду Тан Ни́ном и Анто́ном?

Испо́льзуйте информа́цию из те́кста и из Интерне́та.

План по тексту

1) Когда́ и где роди́лся Лу Синь? Каки́м бы́ло его́ де́тство?

2) Почему́ Лу Синь не стал врачо́м по́сле того́ как он верну́лся из Япо́нии?

3) В чём состои́т нова́торство писа́теля?

4) Как называ́ется са́мое изве́стное произведе́ние Лу Си́ня? О чём оно́?

5) Произведе́ния каки́х писа́телей Лу Синь перевёл на кита́йский язы́к?

6) Когда́ и где у́мер Лу Синь? Где нахо́дится Мемориа́льный музе́й Лу Си́ня?

Диалог

– Тан Нин, расскажи́ мне о Лу Си́не. Этот замеча́тельный челове́к прожи́л 55 лет, но так мно́го успе́л сде́лать! Я зна́ю, что его́ оте́ц серьёзно боле́л и ра́но у́мер, поэ́тому молодо́й Лу Синь хоте́л стать врачо́м и изуча́ть за́падную медици́ну. Почему́ он бро́сил медици́ну?

– _____.

– Зна́ешь, я, коне́чно, чита́л Лу Си́ня в перево́де на ру́сский язы́к. Кста́ти, на ру́сский язы́к переведено́ собра́ние его́ сочине́ний. Это четы́ре то́ма, представля́ешь? А ты чита́л «По́длинную исто́рию А-Кью»? Тебе́ понра́вилось? А что ты ещё чита́л?

– _____.

– А где похоро́нен Лу Синь? Я зна́ю, что есть Мемориа́льный музе́й писа́теля. Ты что́-нибудь зна́ешь об э́том?

– _____.

19. 以 «**Мой люби́мый писа́тель**» 为题，写一篇短文。

1) Когда и где он (она́) роди́лся (-ла́сь)? Как прошло́ его́ (её) де́тство?

2) Что он (она́) написа́л (-ла)?

3) Почему́ э́то ваш люби́мый писа́тель (ва́ша люби́мая писа́тельница)?

20. 借助词典阅读短文并完成练习。

Алекса́ндр Серге́евич Пу́шкин – «со́лнце ру́сской поэ́зии»

(1799–1837)

Ежего́дно 6 ию́ня, в день рожде́ния вели́кого ру́сского поэ́та Алекса́ндра Серге́евича Пу́шкина, в Росси́и отмеча́ется Пу́шкинский день. В э́тот день в ка́ждом го́роде прохо́дят пра́здники поэ́зии и звуча́т стихи́ Пу́шкина. В Москве́ несу́т цветы́ к па́мятнику поэ́та на Пу́шкинской пло́щади. В Санкт-Петербу́рге люби́тели поэ́зии иду́т в музе́й-кварти́ру Пу́шкина на на́бережной Мо́йки, 12, где поэ́т провёл после́дние дни свое́й жи́зни.

Алекса́ндра Пу́шкина счита́ют основополо́жником совреме́нного ру́сского литерату́рного языка́, поэ́тому 6 ию́ня – э́то та́кже Междунаро́дный день ру́сского языка́ во всём ми́ре.

Произведения Александра Пушкина, которого называют «солнцем русской поэзии», объединяют людей разного возраста, разных религий и национальностей и переводятся на десятки языков мира.

Александр Пушкин родился 6 июня 1799 года в Москве в небогатой дворянской семье. Его родители были образованными людьми. Отец занимался литературой, в его доме часто бывали известные русские писатели.

Маленький Александр рано научился читать. Большое влияние на Александра оказали его бабушка и няня. Лето Пушкин обычно проводил у своей бабушки в деревне. Он любил слушать её рассказы об истории семьи. Но особенно Пушкину нравились сказки любимой няни Арины Родионовны.

Вначале Пушкин учился дома, а в 1811 году он уезжает учиться в Лицей, который находился в Царском Селе (сейчас это город Пушкин) недалеко от Санкт-Петербурга. В Лицее он прожил шесть лет. В Лицее он начал писать свои первые стихи – о любви, о дружбе, о природе и впервые почувствовал себя поэтом.

После окончания Лицея Пушкин стал серьёзно заниматься литературой. Он писал не только стихи, но и романы, повести, поэмы. Он писал о природе, о жизни, об истории русского государства. Но самые лучшие его стихи – это стихи о любви.

Женился поэт довольно поздно, в 1831 году. Его жену звали Наталья Николаевна. Она считалась одной из самых красивых женщин России. У них было 4 (четверо) детей: 2 мальчика и 2 девочки.

Для жизни семьи в столичном Петербурге нужно было много денег, которых у Пушкина не было. Он мечтал уехать с женой и детьми в деревню и жить спокойно, но царь хотел видеть красавицу Наталью во дворце на балах, и Пушкин должен был оставаться в нелюбимой столице.

Последние годы жизни были очень тяжёлыми для поэта. У Пушкина было много друзей, но были и враги, которые ненавидели поэта за его ум и талант. Зимой 1837 года между Пушкиным и французским офицером Дантесом произошёл конфликт. Чтобы защитить свою честь и честь своей жены, ему пришлось участвовать в дуэли. На дуэли он был тяжело ранен, и через несколько дней, 10 февраля 1837 года, Пушкина не стало.

回答下列问题：

1) Как в России отмечают день рождения Александра Пушкина?

2) Какой ещё праздник отмечают 6 июня во всём мире? Почему?

3) Когда и где родился Пушкин?

4) Кто оказал на молодого Пушкина большое влияние? Чьи рассказы и сказки он любил слушать?

5) Где учи́лся Алекса́ндр?

6) Чем Пу́шкин занима́лся по́сле учёбы в Лице́е?

7) Как зва́ли жену́ Пу́шкина? Каки́м она́ была́ челове́ком?

8) Почему́ Пу́шкин не мог уе́хать с семьёй из Петербу́рга в дере́вню?

9) Как поги́б Пу́шкин?

阅读普希金的诗歌《我曾经爱过你》：

Я вас люби́л ...	我曾经爱过你……
Я вас люби́л: любо́вь ещё, быть мо́жет,	我曾经爱过你：爱情，也许
В душе́ мое́й уга́сла не совсе́м;	在我的心灵里还没有完全消亡，
Но пусть она́ вас бо́льше не трево́жит;	但愿它不会再打扰你，
Я не хочу́ печа́лить вас ниче́м.	我也不想再使你难过悲伤。
Я вас люби́л безмо́лвно, безнадёжно,	我曾经默默无语、毫无指望地爱过你，
То ро́бостью, то ре́вностью томи́м;	我既忍受着羞怯，又忍受着嫉妒的折磨，
Я вас люби́л так и́скренно, так не́жно,	我曾经那样真诚、那样温柔地爱过你，
Как дай вам Бог люби́мой быть други́м.	但愿上帝保佑你，
	另一个人也会像我一样地爱你。
	（戈宝权译）

 语法 Грамма́тика

I. 简单句和复合句 (просто́е предложе́ние и сло́жное предложе́ние)

在现代俄语中，句子从结构上分为简单句（просто́е предложе́ние）和复合句（сло́жное предложе́ние）。

简单句和复合句的主要区别体现在，简单句只有一套述谓核心（предикати́вная едини́ца），而复合句至少有两套述谓核心，如：

Мой **оте́ц роди́лся** недалеко́ от го́рода Ханчжо́у в прови́нции Чжецзя́н.

我的父亲出生在浙江省杭州市附近。（简单句，一套述谓核心：主语 оте́ц ＋谓语 роди́лся）

В за́ле **есть не́сколько телеви́зоров, кото́рые пока́зывают** ру́сские переда́чи.

大堂里有几台电视，正播放着俄罗斯电视节目。（复合句，两套述谓核心：主语 не́сколько телеви́зоров ＋谓语 есть 和主语 кото́рые ＋谓语 пока́зывают）

II. 并列复合句和主从复合句 (сложносочинённое предложéние и сложноподчинённое предложéние)

复合句至少有两套述谓核心，指的是复合句是由两个或两个以上的分句按照一定的句法联系规则组成一个功能、意义和结构的整体，是比简单句更复杂的句法单位。

复合句一般可以分为并列复合句和主从复合句。

1. 并列复合句（сложносочинённое предложéние）

   并列复合句是由两个或两个以上在语法上平等的分句借助并列连接词组成的复合句。书写时，各单句间一般用逗号隔开，常用的并列连接词有 и, а, но 等，如：

   Нóвый год начинáется в пéрвый день пéрвого мéсяца по лýнному календарю́ **и** закáнчивается пятнáдцатого числá.

   新年始于农历一月的第一天，结束于第十五天。

   Мы мнóго гуля́ли, сдéлали прекрáсные фотогрáфии, **а** потóм реши́ли спусти́ться в дерéвню.

   我们逛了很多地方，拍了很棒的照片，而后决定去村里（看看）。

   Егó семья́ былá óчень образóванной, **но** бéдной.

   他家是书香门第，但是很清贫。

   连接词 и 一般表示各单句中的行为同时发生、先后发生或有因果关系；连接词 а 一般表示对比意义，相当于"而"；连接词 но 一般表示表示对立意义，相当于"但是"。如：

   Я живý в Шанхáе почти́ полгóда, **и** я люблю́ э́тот гóрод.

   我在上海居住了差不多半年了，我喜欢这个城市。

   Я живý в Шанхáе почти́ полгóда, **но** у меня́ ещё нé было врéмени хорошó познакóмиться с гóродом.

   我在上海居住了差不多半年了，可是我还没有时间好好认识一下这个城市。

   Я живý в Шанхáе почти́ полгóда, а он живёт в э́том гóроде ужé дéсять лет.

   我在上海居住了差不多半年，而他在这个城市已经生活 10 年了。

2. 主从复合句（сложноподчинённое предложéние）

   主从复合句是由两个或两个以上在语法及意义上有主从关系的分句借助连接词或关联词联系起来的复合句。主从复合句各分句间存在着句法上的主从联系：其中处于主导地位的分句称为主句（глáвное предложéние），处于从属地位的分句称为从句（придáточное предложéние）。

   根据意义和结构的不同，主从复合句一般可分为带说明从句的主从复合句、带限定从句的主从复合句以及带各种疏状关系（时间、地点、行为方法、原因、目标、条件、让步等）的主从复合句。如：

В за́ле исто́рии мы узна́ли, **что** чай собира́ется и обраба́тывается вручну́ю.

在历史馆我们得知，茶叶都是手工收集和加工而成的。

Пря́мо в це́нтре го́рода вы уви́дите мно́го интере́сных достопримеча́тельностей, наприме́р, Храм Конфу́ция, **кото́рый** постро́или в 1034 году́.

在市中心您就可以看到很多历史古迹，比如说，建于 1034 年的孔庙。

Лу Синь мно́го сил о́тдал публици́стике, осо́бенно в 20–30 го́ды, **когда́** жил в Пеки́не и Шанха́е.

鲁迅花了很多精力写政论文，特别是在二三十年代，在他住在北京和上海时。

III. 关联词和连接词 (сою́зное сло́во и сою́з)

关联词在主句和从句之间起连接作用，且充当句中的某个成分。连接词在句中只起连接作用，它不是从句中的任何成分。试比较：

Как вы дума́ете, **что** кита́йцы предпочита́ют пить: чай и́ли ко́фе?

您觉得中国人更喜欢喝什么？茶还是咖啡？

Мне ка́жется, **что** пойти́ в ру́сский рестора́н – э́то неплоха́я иде́я!

我觉得，去俄罗斯餐厅是个不错的主意。

第一句中的 что 是关联词，它不仅连接主句和从句，同时还是从句中动词 пить 的直接补语；而第二句中的 что 是连接词，它只起到连接两个分句的作用。

常用的连接词有：что, что́бы, е́сли, хотя́, потому́ что 等；而常用的关联词有：кто, что, како́й, кото́рый, чей, где, куда́, отку́да, ско́лько 等，如：

Наде́юсь, **что** тебе́ понра́вится. 希望你喜欢。（что 是连接词）

То́лько пожилы́е же́нщины иногда́ выхо́дят на планта́ции, **что́бы** не сиде́ть до́ма.

只有上了年纪的妇女们为了不总待在家里，才去茶场。（что́бы 是连接词）

Я принёс то, **что** ты проси́л.

我把你要的东西拿来了。（что 是关联词）

Мы пойдём туда́, **где** нас ждут това́рищи.

同学们在那里等我们，我们要过去。（где 是关联词）

IV. 说明从句（изъясни́тельное прида́точное предложе́ние）

说明从句用作补充说明主句或揭示主句中某个成分的具体内容。主句中被说明的词多为动词，也可以是形容词、副词、名词以及具有上述词义的词组等。如：

Он действи́тельно учи́лся в медици́нском колле́дже, но пото́м по́нял, **что** хо́чет с по́мощью литерату́ры лечи́ть не те́ло челове́ка, а его́ ду́шу.

他的确曾在医学院学习，但是后来他明白了，他想借助文学之力治愈人的心灵，而非身体。

Я был рад, **что** меня пригласи́ли на э́тот ве́чер.

我很高兴被邀请参加这个晚会。

Прекра́сно, **что**, наконе́ц, пришла́ весна́!

太棒了，春天终于来了！

Гла́вная тру́дность состоя́ла в том, **что** уча́стники экспеди́ции пло́хо зна́ли маршру́т.

最主要的困难在于，勘探队员们不知道路线。

说明从句常借助关联词或连接词 что, чтобы, как, ли 等与主句连接，主句中还可有指示词（带前置词或不带前置词的各格形式）来强调主句所说明的内容。

其中，连接词 **что** 的使用频率最高，它连接言语、思维、情感、感受所涉及的客体，评价的对象以及存在的事实，如：

Она́ позвони́ла по телефо́ну и **сказа́ла, что** все това́рищи собрали́сь у неё.

她打电话说，所有同学都集中到她那儿了。

Брат **написа́л, что** он не мо́жет прие́хать ле́том к ма́тери.

哥哥写信说，他夏天去不了妈妈那儿。

连接词 **как** 通常只用来揭示、说明表示感受、感觉的动词（ви́деть, слы́шать, замеча́ть, чу́вствовать）及谓语副词（ви́дно, слы́шно, заме́тно），如：

В окно́ бы́ло **ви́дно, как** во дворе́ игра́ли де́ти.

透过窗户可以看到孩子们在院子里玩。

Я **ви́дел, как** он вошёл в вестибю́ль и пошёл по ле́стнице.

我看见，他走进前厅开始上楼。

连接词 **чтобы** 说明句中具有希望、请求、命令、建议、应当、必须等表示意愿的动词或状态词，如：

Я **хочу́, что́бы** вы меня́ пра́вильно по́няли.

我希望你能懂我。

Ну́жно, что́бы стенгазе́та была́ гото́ва к суббо́те.

黑板报要在周六前出好。

连接词 **ли** 使从句带有疑问意义，它紧跟在疑问中心词后，而疑问中心词应位于从句句首，如：

Прохо́жий спроси́л, далеко́ **ли** до ближа́йшей ста́нции метро́.

路人问，到最近的地铁站远不远。

Неизве́стно, вернётся **ли** он сего́дня ве́чером.

不知道他今晚回不回来。

注：在主句中有表示言语、思维等意义的动词（如：сказа́ть，сообщи́ть，переда́ть，писа́ть 等）时，带 что 的说明从句表示实际存在的事实，而带 что́бы 的说明从句则表示希望发生的行为，试比较：

Он сказа́л, **что** он и зимо́й пла́вает в Москве́-реке́.

他说，他冬天会在莫斯科河游泳。

Он сказа́л, **что́бы** мы и зимо́й пла́вали в Москве́-реке́.

他说希望我们冬天在莫斯科河游泳。

练习 ► **Упражне́ния**

1. 指出下列句子中哪些是简单句，哪些是复合句。

1) Здесь нахо́дятся знамени́тые Мавзоле́и Сун Ятсе́на и Мин Сяоли́на.

2) Я зна́ю, что в Росси́и э́то люби́мое блю́до.

3) Мо́жно взять борщ со смета́ной, фи́рменный сала́т и жа́реное мя́со.

4) Я о́чень люблю́ зи́мние кани́кулы, потому́ что в э́то вре́мя мы встреча́ем Но́вый год и́ли пра́здник Весны́.

5) По́сле поклоне́ния пре́дкам ста́ршие име́ют пра́во сесть и принима́ть поздравле́ния от молоды́х.

6) Собира́ть урожа́й начина́ют в конце́ ма́рта и́ли нача́ле апре́ля.

7) Я уви́дел, как растёт чай, как его́ собира́ют.

8) Лу Синь был пе́рвым, кто познако́мил кита́йцев с ру́сской литерату́рой.

2. 指出下列句子中哪些是并列复合句，哪些是主从复合句。

1) В Москве́ ле́том быва́ет прохла́дная пого́да, а зимо́й холо́дная.

А я давно́ мечта́ю встре́тить Но́вый год, когда́ за окно́м лежи́т бе́лый снег – как в ска́зке!

2) Я слы́шал, что на́бережную Вайта́нь в Шанха́е называ́ют музе́ем междунаро́дной архитекту́ры.

3) Здесь ка́ждый мо́жет найти́ что́-нибудь, что ему́ понра́вится.

4) Но есть традицио́нные блю́да, кото́рые обяза́тельно должны́ быть на нового́днем столе́.

5) У ча́я неповтори́мый вкус, то́нкий арома́т, он о́чень поле́зен и хорошо́ утоля́ет жа́жду, осо́бенно ле́том.

6) Сейча́с зима́, и в Харби́не вы уви́дите Междунаро́дный фестива́ль льда и сне́га.

7) Они́ говори́ли обо всём, но осо́бенно мно́го о кита́йской ку́хне.

3. 在下列句中填入连接词 и, а, но.

1) Вода́ в реке́ была́ холо́дная, _____ мы реши́ли купа́ться.

_____ мы не ста́ли купа́ться.

2) У меня́ был биле́т, _____ я не пошёл в теа́тр.

_____ я пошёл в теа́тр.

3) У него́ бы́ло ма́ло вре́мени, _____ он согласи́лся помо́чь нам.

```
_____ он отказа́лся помо́чь нам.
```

4) Эта река́ широ́кая,

```
_____ переплы́ть её мо́жно.

_____ переплы́ть её тру́дно.

_____ та река́ у́зкая.
```

5) В его́ ко́мнате темно́,

```
_____ он давно́ спит.

_____ он не спит.

_____ в сосе́дней ко́мнате гори́т свет.
```

6) Там бы́ло тепло́,

```
_____ я согре́лся.

_____ мне бы́ло хо́лодно.

_____ здесь хо́лодно.
```

7) Эта кни́га интере́сная,

```
_____ я её обяза́тельно прочита́ю.

_____ у меня́ нет вре́мени чита́ть её.

_____ та кни́га была́ ску́чная.
```

8) Вчера́ пого́да была́ хоро́шая,

```
_____ мы гуля́ли.

_____ мы не гуля́ли.

_____ сего́дня идёт дождь, и ду́ет холо́дная ве́тер.
```

9) Мы у́чимся ру́сскому языку́ то́лько три ме́сяца, _____ ещё немно́го говори́м по-ру́сски.

10) В 1936 году́ Лу Синь рабо́тает над перево́дом поэ́мы «Мёртвые ду́ши» Никола́я Го́голя, _____ вско́ре заболева́ет туберкулёзом.

4. 确定下列句子中的黑体词是连接词还是关联词。

1) Ста́роста сообщи́л, **что** экза́мен по хи́мии бу́дет че́рез неде́лю.

2) Я хочу́, **что́бы** вы отве́тили на э́тот вопро́с.

3) Мы пошли́ по доро́ге, **кото́рая** вела́ к реке́.

4) Я́сно, **что** э́ту рабо́ту на́до продолжа́ть.

5) Мы удиви́лись, **что** ты так ра́но верну́лся.

6) Я был рад уви́деть дру́га, **чьи** сове́ты мне бы́ли нужны́.

7) Мать дово́льна, **что** сын поступи́л в университе́т.

8) Недалеко́ от э́той ста́нции нахо́дится дере́вня, **где** я роди́лся и вы́рос.

9) Необходи́мо, **что́бы** на собра́нии прису́тствовали все.

10) В ко́мнате бы́ло слы́шно, **как** они́ крича́ли и смея́лись.

5. 在下列句子中填入 **что** 或 **что́бы**，并将句子译成汉语。

1) Я хоте́л, _____ мои́ това́рищи скоре́е верну́лись из до́ма о́тдыха.

2) Я сего́дня узна́л, _____ мои́ това́рищи уже́ верну́лись из до́ма о́тдыха.

3) Она́ почу́вствовала, _____ о́чень уста́ла и не мо́жет продолжа́ть свою́ рабо́ту.

4) На́до, _____ вы отдохну́ли и пото́м продолжа́ли рабо́тать.

5) Из э́того письма́ я узна́л, _____ моя́ сестра́ поступи́ла в университе́т.

6) Мать всегда́ хоте́ла, _____ сестра́ поступи́ла в университе́т.

7) Преподава́тель попроси́л студе́нтов, _____ они́ ещё раз прочита́ли текст.

8) Преподава́тель сказа́л студе́нтам, _____ они́ должны́ ещё раз прочита́ть текст.

9) Мы ра́ды, _____ ты хорошо́ сдал экза́мен.

10) Мы все хоте́ли, _____ ты хорошо́ сдал экза́мен.

6. 在下列句子中填入适当的关联词，并将句子译成汉语。

1) Мы не зна́ем, _____ зову́т на́шего но́вого сосе́да.

2) Ты зна́ешь, _____ занима́ется сейча́с в аудито́рии?

3) Он не сказа́л, _____ он рабо́тает.

4) Сча́стлив тот, _____ всё э́то ви́дел свои́ми глаза́ми.

5) Наконе́ц, бы́ло гото́во всё, _____ ну́жно для пое́здки.

6) Сего́дня ко мне придёт това́рищ, _____ я давно́ не ви́дел.

7) Я хорошо́ по́мню то у́тро, _____ я поки́нул родно́й дом.

8) Везде́, _____ мы приезжа́ли, мы встреча́ли друзе́й.

9) Маши́на поверну́ла напра́во, _____ стоя́л высо́кий дом.

10) Това́рищ пришёл ко мне, _____ я помо́г ему́.

7. 用说明从句续完下列句子。

1) Я ду́маю, что _____.

2) Стра́шно, что _____.

3) Брат спроси́л, когда́ _____.

4) Я не понима́ю, как _____.

5) Нам не сказа́ли, како́й _____.

6) В объявле́нии бы́ло ска́зано, когда́ и где _____.

7) Мать хо́чет, что́бы _____.

8) Вы ещё не сказа́ли, отку́да _____.

9) Я хочу́ вам сказа́ть, где _____.

10) Преподава́тель хо́чет узна́ть, куда́ _____.

8. 将下列句子译成俄语。

1) 我们不知道，唐宁是不是我们学院足球踢得最好的。

_____

2) 同学问我知道哪些列夫·托尔斯泰的作品。

_____

3) 老师希望同学们都能在假期休息好。

_____

4) 我们知道，鲁迅是将俄罗斯文学介绍到中国的第一人。

_____

5) 课文中写到，伟大的中国作家鲁迅出生于 1881 年 9 月 25 日。

6) 我们看到了茶树是如何生长的，茶叶是如何收集的。

_____

7) 从他们那儿我们得知，香气扑鼻的茶叶来自于哪里。

_____

8) 我看到他慢慢地走到窗边。

_____

9) 我们感兴趣的是，这次我们的老师是否会跟我们一起去郊外。

_____

10) 我躺在床上思考，什么是健康的生活方式。

_____

Повторение

1. 将下列名词变成单数第五格和复数第一、二格的形式。

	избы́ток	обы́чай	пра́во	пре́док	число́
单数第五格	_____	_____	_____	_____	_____
复数第一格	_____	_____	_____	_____	_____
复数第二格	_____	_____	_____	_____	_____

	о́зеро	церемо́ния	сорт	коло́дец	чай
单数第五格	_____	_____	_____	_____	_____
复数第一格	_____	_____	_____	_____	_____
复数第二格	_____	_____	_____	_____	_____

	образе́ц	по́весть	учи́лище	игра́	те́ло
单数第五格	_____	_____	_____	_____	_____
复数第一格	_____	_____	_____	_____	_____
复数第二格	_____	_____	_____	_____	_____

2. 将下列动词变位。

	согласи́ться	запусти́ть	чу́вствовать	привле́чь
я				
ты				
они́				

	спать	отпра́вить	наде́яться	расти́
я				
ты				
они́				

	добра́ться	произвести́	увле́чься	умере́ть
я				
ты				
они́				

3. 翻译下列词组。

春节	明年
寒假	年夜饭
首先	家庭成员
有权	旧习俗
茶道	参加
地球	泡茶
代表	表达感谢
在梦中	回家路上
医学院	借助文学
至今	文学体裁
对联	祝福平安与幸福
阴历	带来好运
吃饺子	以此方式
前辈	接受年轻人的祝福
采茶	获得快乐、满足
往上爬	需要很大耐心
忘记我	达到最高质量
庆祝节日	留下深刻印象
完全正确	实现自己的目标
在…领域	占有重要地位

4. 选择恰当的词语填空。

соглаша́ться – согласи́ться   согла́сен – согла́сна – согла́сны

1) Са́ша пригласи́л Алёну на та́нец и Алёна _____.

2) К сожале́нию, я не _____ с ва́шим мне́нием.

хоте́ть   хоте́ться

3) Бы́ло о́чень по́здно и мне спать _____.

4) Он никого́ слу́шать не _____.

призыва́ть – призва́ть   называ́ть – назва́ть

5) Су́мка о́чень тяжёлая и Алёша _____ бра́та на по́мощь.

6) Мы _____ Москву́ го́родом-геро́ем.

опи́сывать – описа́ть   писа́ть – написа́ть

7) Ка́ждую неде́лю студе́нт Макси́м _____ пи́сьма роди́телям.

8) В э́том произведе́нии писа́тель _____ вне́шность геро́я.

5. 选择适当的前置词填空，并将括号里的词变成所需要的形式。

1) Отку́да вы узна́ли _____ (э́то)?

2) По́сле войны́ Васи́лий верну́лся _____ (ро́дина).

3) В университе́те Ле́на уви́дела молодо́го студе́нта и влюби́лась _____ (он).

4) Выража́ю вам благода́рность _____ (всё), что вы сде́лали для нас.

5) Я бы хоте́л накле́ить э́тот плака́т _____ (изображе́ние) Драко́на _____ (две́ри).

6) Дава́йте укра́сим на́шу кварти́ру _____ (пра́здник) Весны́!

7) Такси́ст довёз нас _____ ча́йной планта́ции Лун У. _____ (мы) откры́лся прекра́сный вид.

8) В этом университе́те у́чатся студе́нты _____ (все уголки́) земно́го ша́ра.

9) Приглаша́ю тебя́ в теа́тр _____ (о́пера) «куньцю́й».

10) В 1936 году́ Лу Синь рабо́тал _____ (перево́дчик) по́эмы «Мёртвые ду́ши» Никола́я Го́голя.

6. 联词成句。

1) Вчера́, вы́ставка, привле́чь, мно́го, посети́тель (参观者). Весь, лю́ди, интересова́ться, карти́ны.

2) В, нового́дний, ночь, лю́ди, не, спать, что́бы, в, но́вый, год, быть, кре́пкий, здоро́вье.

3) Анна, до́лжен, отпра́вить, э́тот, письмо́, по, по́чта.

4) В, свобо́дный, вре́мя, я, любова́ться, приро́да.

5) Этот, рабо́та, сло́жный, и, тре́бовать, большо́й, внима́ние. Мы, обяза́тельно, доби́ться, успе́х.

6) Он, не, мочь, вы́разить, чу́вство, слова́.

7) Антóн, пригласи́ть, я, смотрéть, óпера. Опера, получи́ться, интерéсный. Сейчáс, я, тóже, увлекáться, опера.

8) Декáн, объяви́ть, собрáние, откры́тый. На, собрáние, мы, узнáть, нóвости, наш, факультéт.

9) Китáйский, нарóд, извéстный, весь, мир, свой, трудолю́бие (勤劳).

10) Музéй, вели́кий, рýсский, писáтель, быть, откры́тый, в, прóшлый, год.

7. 翻译下列句子。

1) 年轻人已经约定了见面的时间和地点。
_____

2) 我真高兴，你来到我家来做客。把这里当成自己家就行。(чýвствовать)
_____

3) 上海每年 6 月举办国家电影节，今年的电影节始于 6 月 11 日，结束于 6 月 20 日。
_____

4) 除夕夜全家团聚在丰盛的节日餐桌旁，共同迎接新年。
_____

5) 请允许我代表我们学校向您表达感谢之情，感谢您的帮助。
_____

6) 我对昆曲很感兴趣，因为它是人类口头和非物质文化遗产的代表，也是中国戏剧和歌剧艺术的明珠。
_____

7) 我沉迷于俄罗斯文学，想将俄罗斯文学作品翻译成中文。
_____

8) 在 20 世纪，中国人民曾勇敢地与敌人作斗争。很多英雄献出了自己的生命。
_____

9) 普希金被认为是俄罗斯最伟大的诗人，他在俄罗斯文学史中占有重要地位。
_____

10) 鲁迅作品给我留下了深刻的印象，我推荐我的朋友们都读。
_____

8. 阅读下列短文，并完成课后练习。

Как россия́не встречáют Нóвый год

Нóвый год – сáмый люби́мый прáздник для миллиóнов людéй из сáмых рáзных стран.

Нóвый год в Росси́и отмечáется в ночь с 31 декабря́ на 1 января́. Празднование Нóвого года начинается вечером 31 декабря. Традиционно россияне празднуют его в кругу семьи и близких людей. Хозяева дома и их гости собираются за роскошным столом и вместе провожают старый год. В 00 часов и 00 минут они пьют шампанское (香槟), смотрят телевизор, поздравляют друг друга с Новым годом и желают счастья в новом году.

Семейные традиции Нового года разнообразны. Например, люди украшают ёлочку, навещают близких или приглашают их в гости, готовят пирожки с сюрпризами, покупают игрушки, смотрят новогодние фильмы и телепередачи...

Особенно радуются празднику дети, потому что Новый год для детей это всегда сказка. Всё сверкает (闪光), становится необычайно красивым. Кроме того, каждый ребёнок верит, что Дед Мороз вместе со Снегурочкой привозят в новогоднюю ночь подарки.

Ответьте на следующие вопросы:

а. Когда россияне отмечают Новый год?

б. Как россияне встречают Новый год?

в. Какие семейные традиции есть в России?

г. Почему особенно радуются празднику дети?

Лев Николаевич Толстой

Великого писателя Льва Николаевича Толстого называют «гордостью земли русской». Хотя сам Лев Николаевич не любил, когда его так называли. Весь мир изучает Россию по его книгам.

Толстой был не только великим писателем, но и великим человеком. Его дочь Александра Львовна Толстая писала: «Мой отец был велик тем, что всю свою жизнь, с детства, стремился к добру».

Родился Толстой в усадьбе Ясная Поляна под Тулой 9 сентября 1828 года. Здесь родились и его дети.

Маленький Лёвушка считал всех людей хорошими, он любил весь мир и всех людей. У Лёвушки было три брата и сестра. Больше всех он любил старшего брата Николеньку. Тот был удивительным мальчиком и большим фантазёром (幻想家). Николенька однажды объявил маленьким братьям, что у него есть великая тайна. Когда она откроется, все люди станут счастливыми, не будет ни болезней, ни ссор (纷争), все будут любить друг друга.

Писать Толстой начал на Кавказе, куда позвал его брат Николай. Служил в армии, но первый роман написал не об этом, а о своём детстве. Роман так и называется – «Детство». Весь город гадал, кто же этот талантливый автор? А молодой автор понял, что его призвание (志向) – литература.

Потом появились «Отрочество» и «Юность». Интересно, что «Юность» Толстой писал на Крымской войне. И одновременно там же написал свои «Севастопольские рассказы». Они тоже произвели огромное впечатление в Петербурге. Россия ещё не видела такого описания и у́жасов войны́, и му́жества и терпе́ния просты́х солда́т. Лю́ди пла́кали, когда́ они́ чита́ли э́ти расска́зы.

Лев Никола́евич со́здал ра́зные произведе́ния: рома́ны, по́вести, расска́зы. В них Толсто́й призыва́л ка́ждого челове́ка стара́ться стать лу́чше. Без э́того, говори́л он, не мо́жет быть сча́стья всего́ челове́чества. Он сам всю жи́знь стара́лся стать лу́чше.

Лев Никола́евич ушёл из жи́зни 20 ноября́ 1910 го́да. В конце́ жи́зни он проси́л дочь на де́ньги от изда́ния его́ после́дних произведе́ний вы́купить зе́млю и разда́ть её крестья́нам.

Отве́тьте на сле́дующие вопро́сы:

а. Кто тако́й Лев Никола́евич Толсто́й?

б. Где и когда́ он роди́лся?

в. О чём он написа́л пе́рвый рома́н?

г. Каки́е произведе́ния он написа́л на Кры́мской войне́? Како́е впечатле́ние они́ произвели́?

д. Каки́е произведе́ния Лев Никола́евич со́здал? Что он призыва́л челове́ка де́лать?

е. Когда́ он ушёл из жи́зни? Что он де́лал в конце́ жи́зни?

9. 从以下题目中任选一个，写一篇小作文。

1) Пра́здник Весны́ – мой са́мый люби́мый пра́здник.

2) Мне нра́вится кита́йский чай.

3) Мне нра́вится о́пера «куньцю́й».

4) Лу Синь – изве́стный кита́йский писа́тель.

语法 Грамма́тика

1. 回答下列问题。

1) В како́м году́ роди́лся ваш де́душка?

2) В како́м году́ родила́сь ва́ша ба́бушка?

3) В како́м году́ роди́лся ваш оте́ц?

4) В како́м году́ родила́сь ва́ша мать?

5) В како́м году́ вы роди́лись?

6) В како́м году́ вы пошли́ в шко́лу?

7) В како́м году́ вы прие́хали в Шанха́й?

8) В како́м году́ вы поступи́ли в университе́т?

9) В како́м году́ вам бу́дет 50 лет?

10) В како́м году́ постро́или ста́нцию метро́ «Университе́тский городо́к»?

2. 用下列的词或词组的所需形式填空。

1) 23   2) 18   3) 1   4) 10   5) 5 ноября   6) октя́брь   7) 2000 год   8) 1799 год

1) Сего́дня _____ ма́рта.

Они́ пое́дут в Санкт-Петербу́рг _____ ма́рта.

2) За́втра бу́дет _____ февраля́.

Это случи́лось _____ февраля́.

3) Вчера́ бы́ло _____ ма́я.

Мы отмеча́ем Междунаро́дный день трудя́щихся _____ ма́я.

4) _____ ию́ня – день рожде́ния мое́й ма́тери.

Моя́ мать родила́сь _____ ию́ня.

5) Тепе́рь _____.

_____ у нас бу́дет собра́ние.

6) Че́рез ме́сяц бу́дет _____.

_____ мы пое́дем на экску́рсию.

7) Наступи́л _____.

_____ моя́ сестра́ начала́ рабо́тать.

8) Был _____.

Пу́шкин роди́лся _____.

3. 连词成文。

В, год, двена́дцать, ме́сяц: янва́рь, февра́ль, март, апре́ль, май, ию́нь, ию́ль, а́вгуст, сентя́брь, октя́рбрь, ноя́брь, и, дека́брь.

Янва́рь, – пе́рвый, ме́сяц, год, февра́вль, – второ́й... дека́брь, – двена́дцатый, и, после́дний, ме́сяц, год.

Како́й, сего́дня, число́? Сего́дня, второ́й, ноя́брь.

Како́й, число́, быть, вчера́? Вчера́, быть, пе́рвый.

Како́й, число́, быть, за́втра? За́втра, быть, тре́тий.

Како́й, у, вы, тепе́рь, год? Тепе́рь, у, мы, 2025, год. В, про́шлый, год, мы, поступи́ть, в, университе́т, иностра́нный, язы́к.

Когда́, год, начина́ться? Он, начина́ться, пе́рвый, янва́рь. Когда́, год, конча́ться? Он, конча́ться, три́дцать, пе́рвый, дека́брь.

Уче́бный, год, в, наш, университе́т, начина́ться, пе́рвый, сентя́брь, и, конча́ться, в, ию́нь. Пе́рвый, ию́ль, у, студе́нты, и, шко́льники, уже́, ле́тний, кани́кулы.

Зи́мний, кани́кулы, о́чень, коро́ткий. С, два́дцать, тре́тий, янва́рь, до, два́дцать, шесто́й, февра́ль.

4. 翻译句子。

1) 我是 2020 年中学毕业的，并于同年 9 月考入北京大学。

_____

2) 唐宁的妹妹是去年二月份去的厦门。

_____

3) 我现在住在上海，我的父母今年 5 月 1 日要来上海看我。

_____

4) 新年开始于农历一月一日，结束于一月十五日。

_____

5) 哈尔滨国际冰雪节于每年的 12 月举办。

_____

6) 南京是六朝古都，我下个月要去南京旅游。

_____

7) 5 月 9 日是俄罗斯的胜利日（день побе́ды），在那一天大街上会有很多人。

_____

8) 这些天我很忙（за́нят）。我要把所有的作业都做完。

_____

9) 我们学校有 7,075 名学生，其中（в том числе́）男大学生 2,189 名，女大学生 4,886 名。

_____

10) 1987 年兵马俑被列入联合国教科文组织世界遗产名录。

_____

5. 确定下列单部句的类型。

1) Откро́йте рот, скажи́: «а-а-а…».

2) Век живи́, век учи́сь.

3) В таку́ю пого́ду хорошо́ сходи́ть на о́зеро!

4) Людми́ла Ива́новна, вас пригласи́ли на нового́дний ве́чер.

5) Тёмная ночь. Абсолю́тная тишина́.

6) Вам здесь не пройти́.

7) Ве́чер. Пе́ние де́вушек. Весёлый смех молоды́х люде́й.

8) Уже́ тепло́. Сейча́с мо́жно одева́ться поле́гче.

9) Не уме́ешь отдыха́ть, не уме́ешь рабо́тать.

10) Об э́том худо́жнике мно́го пи́шут в газе́тах.

6. 用不定人称句或无人称句替代下列各句。

1) Аудито́рия све́тлая и чи́стая.

2) Этот магази́н продаёт то́лько кни́ги на ру́сском языке́.

3) Он сего́дня не здоро́в.

4) Кто-то мне сказа́л, что на́бережная Вайта́нь – э́то оди́н из си́мволов Шанха́я.

5) Я слы́шал, что Вайта́нь называ́ется музе́ем междунаро́дной архитекту́ры.

6) Сейча́с вы мо́жете войти́ в аудито́рию.

7) Оди́н из мои́х това́рищей говори́т, что в пя́тницу бу́дет фильм на ру́сском языке́.

8) Во всех стра́нах лю́ди пра́зднуют Но́вый год.

7. 用 кото́рый 的所需形式填空。

1) Мо́жете ли вы рассказа́ть содержа́ние те́кста, _____ вы прочита́ли до́ма.

2) Лю́ди, _____ живу́т в дере́внях, о́чень ну́жен врач.

3) Мне нра́вится кни́га, _____ написа́л э́тот а́втор.

4) Интере́сно выступа́л журнали́ст, _____ мы пригласи́ли на ве́чер.

5) Мы бы́ли на вы́ставке, _____ организова́ли молоды́е худо́жники.

6) Вчера́ я получи́л письмо́, _____ оте́ц пи́шет о на́шей семье́.

7) Вы ви́дели но́вую преподава́тельницу, _____ бу́дет преподава́ть у нас ру́сский язы́к.

8) Где живу́т ва́ши знако́мые, _____ за́втра мы пойдём в го́сти.

8. 用 где, куда́, отку́да, когда́ 的所需形式填空。

1) Мы бы́ли в до́ме, _____ жил вели́кий писа́тель.

2) В лесу́, _____ мы ходи́ли вчера́, мы до́лго спо́рили, како́е вре́мя го́да лу́чше.

3) Студе́нты купи́ли газе́ты в кио́ске, _____ ча́сто быва́ют газе́ты и журна́лы на иностра́нных языка́х.

4) В за́ле, _____ мы вы́шли, идёт соревнова́ние по волейбо́лу.

5) Мы реши́ли пое́хать в го́род Харби́н, _____ устра́ивают междунаро́дный фестива́ль льда и сне́га.

6) Тот день, _____ меня́ при́няли в университе́т, оста́лся в мое́й па́мяти навсегда́.

7) Стадио́н, _____ мы с бра́том вчера́ смотре́ли футбо́л, са́мый большо́й в Шанха́е.

8) Большо́й теа́тр, _____ мы сейча́с е́дем, нахо́дится недалеко́ от Кра́сной пло́щади.

9. 将括号内的词译成俄语。

1) Я помо́г бы тебе́, (如果事先告诉我一声).

2) (我就去你家了), е́сли бы вы бы́ли вчера́ до́ма.

3) Если я верну́лся ра́но, (我就泡杯香浓的绿茶等你).

4) Никуда́ не пое́дем, (如果明天在家看昆曲《牡丹亭》的话).

5) (你会在哪里工作), е́сли бы вы не поступи́ли в наш институ́т?

6) Если бы Са́ша пло́хо гото́вил уро́ки, (他就回答不出老师的问题).

7) Если ты вы́йдешь из до́му пора́ньше, (就不会上学迟到了).

8) Если бы врач пришёл по́зже, (病人就性命难保).

10. 按示例完成下列练习。

> **Образец** Свети́ло со́лнце.
>
>   а. Бы́ло хо́лодно.
>
>   б. Бы́ло тепло́.
>
>   а. Свети́ло со́лнце, **но** бы́ло хо́лодно.
>
>   б. Свети́ло со́лнце, **и** бы́ло тепло́.

1) Мне тру́дно бы́ло вы́полнить э́ту зада́чу.

   а. Я его́ вы́полнил.

   б. Я его́ не вы́полнил.

   в. Ему́ легко́ бы́ло э́то сде́лать.

2) Он давно́ занима́ется ру́сским языко́м.

   а. В его́ ре́чи есть оши́бки.

   б. В его́ ре́чи нет оши́бок.

   в. Я на́чал изуча́ть ру́сский язы́к неда́вно.

3) Ту́чи покры́ли не́бо.

   а. Дождя́ не́ было.

   б. Пошёл дождь.

4) Та зада́ча была́ лёгкая.

   а. Эта зада́ча тру́дная.

   б. Он реши́л её.

   в. Он не реши́л её.

5) Дверь откры́лась.

   а. Никто́ не вошёл.

   б. Вошёл незнако́мый челове́к.

11. 在下列句中填入所需的关联词和连接词。

1) Я сказа́л Тан Ни́ну, _____ у меня́ есть два биле́та в теа́тр.

2) Анна спроси́ла меня́, _____ нахо́дится кни́жный магази́н.

3) Ван Ли написа́ла свои́м роди́телям, _____ ско́ро она́ прие́дет домо́й.

4) Я спроси́л продавца́, _____ сто́ит э́то пла́тье.

5) Преподава́тель сказа́л нам, _____ мы откры́ли тетра́ди и писа́ли.

6) Преподава́тель спроси́л но́вых студе́нтов, _____ они́ прие́хали.

7) Ви́ктор написа́л роди́телям, _____ они́ присла́ли ему́ кни́ги на францу́зском языке́.

8) Ребя́та расска́зывали, _____ они́ ви́дели в дере́вне на кани́кулах.

9) Жела́ю, _____ у мои́х дете́й всё бы́ло хорошо́.

10) В письме́ ма́ма написа́ла, _____ брат до́лжен прие́хать домо́й на Но́вый год.

12. 将下列两段对话改为含有间接引语的完整篇章，人物、名称可自编。

А. – Не хоти́те ли вы посмотре́ть пло́щадь Гага́рина?

– Ещё бы! А где она́?

– Недалеко́, пошли́? Я вам покажу́. Вот, э́то пло́щадь Гага́рина.

– А почему́ и́менно э́ту пло́щадь реши́ли назва́ть пло́щадью Гага́рина?

– В тёплый апре́льский день 1961 го́да на э́той пло́щади москвичи́ ра́достно приве́тствовали первооткрыва́теля ко́смоса. Э́то была́ незабыва́емая встре́ча! Тепе́рь на пло́щади Гага́рина стои́т па́мятник пе́рвому космона́вту.

– Великоле́пный па́мятник!

Б. – Па́па, я купи́л тебе́ молодо́й чай! Наде́юсь, что тебе́ понра́вится.

– Да?! А како́й чай?

– Я вчера́ е́здил на экску́рсию в Ханчжо́у и на ча́йной планта́ции и купи́л чай Лунцзи́н.

– Замеча́тельно! Пить Лунцзи́н всегда́ доставля́ет мне удово́льствие! А что интере́сного бы́ло на экску́рсии?

– Я уви́дел, как растёт чай, как его́ собира́ют. Да, я ещё принима́л уча́стие в ча́йной церемо́нии.

– Экску́рсия тебе́ понра́вилась?

– Коне́чно, э́то была́ замеча́тельная пое́здка!